越複雜的事，

越要一顆簡單的心。

當我們往內心探索，

其實所有的智慧都在自心之中。

放開標準，不再死守道理，邁向實際，
愛情需要練習，才會明白如何繼續。

愛問小姐

118個愛情提問?

圖／文＿陳孝忠

推薦文 Recommend I

永遠得不到答案的問題

Middle

問題，誰不曾遇過，但會不會陷在其中，每個人卻有不同的際遇。

有些問題，其實你不是不知道答案。由最初開始，你就已經知道，一加一的答案是等於二，不會等於三，也不會是其他答案。但你卻一直執著想知道，一加一是不是等於二，原因也許是因為，你有強烈的求真精神、不想人云亦云——為甚麼一加一就是等於二呢？是誰定的道理？這當中會不會有差錯？會不會從建立邏輯學開始，就已經是有著問題的了……因為一個問題而願意花時間去嚴謹精細地求真求證，其實這是一種難得的態度，是值得鼓勵的。

但有些時候，我們遇到的一些問題，其實不一定要去完全地去求真或求證。例如，為甚麼會覺得不開心？也許很多人都曾經遇上過這一個問題，有時找得到答案，有時卻怎麼想都想不通。想不通，就開始鑽牛角尖，又或是讓自己迷失在問與答的迴圈之中，希望怎麼樣也要找到答案，又或是漸漸習慣了得不到答案的苦澀當中。但回看最初，會問這一道問題，是因為覺得不開心吧？如果不開心，一時之間想不到原因，那麼去做另一些事情令自己開心，又是不是一個解決問題的出路？

問題，不一定會立即找到答案。不去強求立即得答案，讓自己懂得將問題暫時放下，是其中一條解決之路。一些人卻會讓自己對明明看得見的答案視而不見，寧願將問題一直留在心裡，偶爾令自己煩惱，或是讓自己神傷。是犯賤嗎？卻又不然，因為有些人會覺得，只要繼續留著這一個問題，就代表那曾經發生過的故事始終未真正完結。就算相關的當事人已經不再與自己有半點往來，就算那些事與情是已經過去了很久很久，但只要自己一天仍然惦記著，那些人和事就可以繼續在自己心坎裡，陪自己到老白頭、天長地久……是有點傻吧，有沒有答案、得不得到對方的回應，對當事人來說其實已經變成次要，他就只是想繼續留有一點執迷，讓自己偶爾可以盡情地沉溺、不快樂一個下午，讓自己在節日的晚上，可以繼續全心全意去回憶思念，其實明知道不會再重來的人與感情。

回憶太深，很容易會變得太過沉溺，最後讓自己忘了珍惜當下的笑臉。這是人生裡必經的一個階段。有些人會比較有能力從過去的纏縛中抽身，有些人卻要花更多的時間與力氣讓自己看開、成長。是因為自己太過專注於眼中的那道解不開的針刺，才會忘了這個世界還有更多亮麗無瑕的天空。有天能夠醒悟到，原來是自己讓這杯水變得苦澀，是從回憶走出來的第一步。學懂一點一點地將視線移開，透過對痛苦的反問、對痴迷的正面求證，來重新認識面對自己的思想、性格、優點與缺點；不再逃避曾經被傷害過的自己，勇敢地繼續堅守或追尋原本的目標與理想，方才是真正的成長。在過程中，能夠有一個嚮導，陪自己走出困局與迴圈，是可遇不可求的福份。

而「愛問小姐」就是其中一位適合擔任嚮導的人，她也有著大家可能曾經遇過的問題與煩惱，一些你可能不敢跟別人傾訴，又或是你不知道如何理清的想法與感受，透過她與智者的對答，可以讓你明白到一些你一直想不通的困惑迷惘，或是某些原來被你忽略了的、但真正重要的事情。你會發現，原來並非只有自己曾有過這些問題與煩惱，在這一條路上，自己並不是最孤單的一個。問題，誰不曾遇過，但會不會陷在其中，每個人可以有不同的選擇。有些問題或許你依然會記一世，但要讓它將你的生活拖累，還是笑著去與它相對、讓它變成來日值得紀念的一個回憶，你可以選擇，你並不孤單。

Middle，寫作人

著有散文集《如果有些心意不能向你坦白》、《曾經，有一個這樣的你》，及短篇小說集《永遠的平行線》。
臉書：www.facebook.com/MiddlePage

推薦文 Recommend Ⅱ

愛情疑惑，生於自心；答案，藏於自心

貝兒

電影中常常可以看到一個橋段：女孩若有所思的拿著一朵花，一邊剝下花瓣一邊喃喃自語：「他愛我、他不愛我、他愛我、他不愛我……」

愛情，的確會讓人變得非常愛發問：他到底愛不愛我？他是不是心裡還有別人？他為什麼要這樣對我？我們到底應不應該繼續走下去……無數的疑問句，在腦袋裡鬼擋牆似的反覆跳針，尋不著答案，找不到解藥，千頭萬緒像一大球繩結似的，越解越亂、越想越煩。

排山倒海而來的困惑，該去問誰好？直接問對方？嗯，這樣好像怪怪的……他可能會覺得我很煩很脆弱很神經質，搞不好會開始覺得我有點討厭，說不定還會認為我很在乎他然後就開始擺高姿態……況且，就算我開誠布公直接去問對方，他難道就一定會說真心話？（如果世界上真的有誠實棒棒糖這種東西，應該會賣翻了吧）

不然，問姊妹淘？嗯～大夥兒七嘴八舌幫忙出點子或一起數落對方，唷唷呼呼好不痛快；問題是，聊的當下固然過癮，聚會一散，常常會發現老問題還是在，腦袋裡暫歇的跑馬燈開關又打了開來，轉個不停煩得要命。

問神問佛問算命師？這也行，台灣什麼不多就是廟多，找間口碑好的就當去散散心也不錯，而且抽到的籤上面還有標示兇吉程度，好像還挺方便的～只是，短短幾行詩籤放在腦袋裡研磨了好幾遍，總覺得有點抽象有點模糊，又不好意思直接去問廟公，畢竟感情的事情就是這麼瑣碎又細膩，廟公如果超大聲回答被後面排隊的婆婆媽媽聽到，那不是羞死人了？（又在亂想像）（沒辦法，戀愛中的人腦袋真的常常像有十條跑馬燈在亂轉）

突然可以理解，為什麼電影裡女孩到最後都只能去問花朵；因為愛情的問題真的太傷神又太難解了！

說到這，我突然覺得這本書名「愛問小姐」取的實在是太貼切了！戀愛中的人常常會用無數問題逼死自己；尤其是女人。不要問我為什麼，或許是天性作祟或許是個性使然；面對愛情，女人就是常常會犯上「用問題把自己困住」的症頭。

有趣的是：我們常常覺得，為愛所苦的來源一定是因為「對方」；一定是因為對方不懂我們、不夠貼心、不夠愛我們、不明白我們的需要、不夠這樣那樣……然而，當我們不斷試圖向「外」尋求解脫，卻總是更加困惑。

其實，愛情裡的疑惑，生於自心；答案，往往也藏於自心。

遇到劣質情人的人，一定會想問對方「你為什麼要這樣對待我？」而基本上這是一個無解的問題，不管對方怎麼回答，都只會讓你的困惑加乘；如果換個角度，你會發現問題也可以是：「我為什麼會選擇這樣的對象？」是不是我太怕寂寞太渴望被愛，所以即使是不適合的人，也讓他在我的人生中劃位？是不是我有自找苦吃的傾向，總是無意識去選擇不懂珍惜的人？我是不是選擇性的輕忽了某些徵兆，委曲求全直到關係瓦解？

自問，不是無止盡的自恨自責，而是自我沉澱，突破盲點，擺脫「都是對方讓我痛苦」的受害者心態，進而重新拿回人生的主導權。當然，這絕對不是一件容易的事情，但卻絕對值得練習，回報也必然豐碩。

《愛問小姐》作者做了個有趣的設定，由最有大智慧的佛祖來為愛解惑，透過一問一答，將戀人們最難看清的盲點，一一突破。

對我來說，這本書讀起來過癮極了，字句精準又富有深意，越是咀嚼越生滋味。（我個人在看書的時候有個習慣，如果共鳴極大我會不自覺的點頭；在拜讀《愛問小姐》的時候，我發現自己的腦袋點了又點，肢體動作完全洩露出讀這本書的快樂）（笑）

愛問小姐是世間女人們的化身，因為我在她的疑問裡，也看到我自己的困惑，更被佛祖精準、犀利卻又溫柔的回答，一次又一次的敲中腦袋，這種醍醐灌頂的閱讀體驗真的非常痛快。（大笑）

裡面有些觀念直接敲到我心口：

愛情，不在懂得決勝負，而在懂得退一步。否則，贏也是輸。

年輕時有好一段時間，我還真以為愛情裡的勝利就是「對方很愛妳很讓妳，事事牽就妳」（抱歉我承認當時真的很幼稚），一直到現在，我才真正明白，在愛情裡當個不願低頭、姿態張狂的女王沒什麼了不起，真正有重量又有質感的關係，是兩方都願意為彼此著想，都懂得適時讓步。在不斷調整步調的過程裡，妳發現自己變得愈發柔軟，也越來越成熟。

愛情裡的贏，不是妳說一對方不敢說二，而是你們同時放下倔強，磨合出那個彼此都能接受的三。

沒有人會因為妳的痛苦而更愛妳。

我不知道別人會不會這樣，但我還真的曾經試圖用這種「苦肉計」來乞求對方的憐惜；結論呢～哈、哈、哈（大笑三聲），愛你的人或許會不忍妳受苦，不愛你的人則必須忍住不抬腳；因為他只會更想把妳踹開。

重點是，與其用自己的尊嚴來當籌碼，死命去挽回一段已經宣告不治的關係，不如去巷子口點碗熱湯，暖一下自己哆嗦的身軀，再買件厚外套，裹住自己寒冷的心情。

不被愛的時候，真的，務必盡量善待自己；因為妳實在沒必要幫著別人來推自己入苦海。

真相不在言語之中。真相，藏在行為裡。

女人是聽覺的動物，說真的，我們非常依賴話語和文字的表面意義。（有的女孩甚至可以因為耳朵聽到一句「寶貝，我還是愛妳」而自願「失明」，無視對方同時也愛著別人）

眼見不一定為憑，但光靠「耳聽」恐怕更容易跌跤。熟女我本人的建議是：言語，可以聽來當娛樂，但行為才是真正的辨別指標。要瞭解一個人，請直接觀察他對待周遭人事物的方式，以及他面對生活的態度；而不是只注意他的嘴上功夫 。（語重心長）

我私以為《愛問小姐》裡具有的哲思意涵，不只適用在愛情，也適用在生活上。每個人的人生課題都不一樣，但我想，不管是 20、30、還是 40 以上的你或妳，都可以在這本書裡找到屬於自己的問句，和答案。

推薦文 Recommend Ⅲ

你真正需要的，不是愛

海苔熊

很多人以為，我們在戀愛中所希求的是「快樂」，但這樣的想像只對了一半。以早期西方心理學的脈絡來說，我們評估一對情侶或夫妻關係幸不幸福的指標的確是「滿意度」，也就是說，我們在乎的是這段關係中是否開心、是否喜歡和彼此相處。不過事實上，除了「快樂」之外，我們更在乎的是一種「安心」的感覺——不論是書中的「愛問小姐」，還是手上正拿著這本書的你。

旗津愛情故事

在我環島收集各種愛情故事的時候，遇到了一個旗津女孩。她說她從高中的時候開始，就一直在找一個永遠不會離開她的人。可是每一個到了最後，還是離開了她。

「有一次我們搭渡輪去旗津，可是人實在太多了，上船之前，我整個找不到他，我急著轉身、全身發燙，在人海中找尋他的影子，可是卻完全找不到。我很急，覺得自己被丟下來了，本來打算打給他，但低頭才發現，我的包包在他身上。我急著蹲在地上一直發抖，我想哭，但想我年紀都一大把了還哭什麼呢？在我不知所措的時候，突然從人海之中看到他的鴨舌帽，立刻推開人群衝過去，也不管她們的謾罵和怨言，然後我想緊緊地抱住他，可是我並沒有。我反而是到他面前大聲的怪他，為什麼把我丟下來？他伸出手來要抱我，可是我卻轉身說我想回家。後來我發現，我其實是想藉由這種方式來『處罰』他。」她說，海風呼呼地吹著，可以感覺到她當時的心有多麼地凌亂。

每一個人，或許都有一次被人家遺棄的經驗。可能是在遊樂園、可能是在夜市或大街上、也可能是在某天醒來，發現家裡面的人都不見了。你可以花一點時間回想，那時候的你，做出什麼樣的反應（闔上書，花一點時間想想看）。

有一種孩子，父母離開時會像旗津女孩一樣，分離的時候非常痛苦，但跟對方重逢時又非常矛盾地做出一些破壞關係的行為。比方說，會跟對方說「你不要管我」或「你走開，我不要你的同情！」等等，這些人大概占20%左右，心理學家稱它為焦慮-抵抗型。

吃奶粉的人

我自己之前有個焦慮型的女朋友，有天她傳了一封簡訊給我，她就說：「你好久沒有打電話給我了唷！」然後我就看上一通電話是兩個小時前，心想：「兩個小時是很久的意思嗎？」但也許這兩個小時對她來說非常久，她希望每一分一秒都可以跟我一起度過，從前我們只要有一天沒有一起出去，她就會覺得好像快要失去我了。我跟她之間會產生這樣的模式，當然也跟我們之間相處方式有關，不過另一項重要的因素源自於她小時候的家庭。她曾經跟我說，小時候她是「吃奶粉」，不是喝奶粉泡的牛奶，家裡也沒有人管她，所以她從小就覺得自己不被關注、沒有人愛，而當她進入任何一段關係時，就會把她小時候受過的創傷延續到她現在的戀情當中。

或許，跟著我們一輩子的關鍵議題，不是肥胖、不是薪水，也不是你臉上的皺紋多一條或少一條，而是：「害怕」。你害怕你身邊的人會離開你、你害怕你愛的人會不愛你、你害怕付出太多有一天終將失落，所以在每次對方離開的時候，你可能會問他說：「你還會不會回來？」

戀愛，是與父母依戀的延伸

從旗津女孩和我的故事中，你發現了什麼？我們跟爸媽之間的依戀關係，其實跟情人之間的關係很像。研究戀愛多年的心理學家Hazan與Shaver就指出，「嬰兒-照顧者」和「伴侶之間」具有一些共同的特徵：

- 都會在另一方在身邊和能夠響應自己時，感到安全
- 都有親密、私人性質的身體接觸
- 當不能親近另一方時都感到不安
- 都與另一方分享自己的發現
- 都會玩對方的臉，並都顯示出相互間的迷戀和專注
- 都會進行「寶寶式的交談」

小時候在親子關係中的記憶，與照顧者的相處過程，其實都會印在腦海裡。那些曾經被欺騙、被輕忽、被比較、失去寵愛或缺乏關注的畫面，都可能讓你後來的感情之路，變得更在乎對方的回應與關心，更常升起腦內小劇場，東想想西想想。

練習，退一步看自己

幸好有這一本書，可以在你想破頭的時候，給你一記當頭棒喝。這並不是一本勵志書，也不是一本安慰人的書，畢竟市面上已經有太多「療癒」、「溫暖」、「相信愛」或「明天會更好」的書，所以書中佛陀的角色，其實只是帶你從不同的觀點思考，重新照見自己的不安。當你學會覺察這些不安，或許就能好好開始練習，和「不安」手牽手做好朋友。

例如，愛問小姐不懂為什麼大家都在愛裡感到快樂，而她卻要一直流浪？佛陀點破她「依賴另一個人給你快樂，永遠不會快樂」；她疑惑為什麼越付出越痛苦？佛陀說「當付出背後有更多的想要，當然也不會快樂」；她不理解為什麼愛情裡要有虛假欺騙，不能大家都很真誠相待？佛陀回應「接受愛情本來就是有真有假，才能沒有煩惱。」；甚至是下雨了她都覺得很煩，佛陀也提點她「心情好或壞，在於你收起多少的擔心。」

從這一個又一個的例子裡面我們都可以看見，愛問小姐「表面上」想要的是在愛裡面獲得快樂，實際上只是希望，能有一種「安心」的感覺。而透過不斷的詢問，她逐漸釐清真正的快樂是要自己給自己的，在把自己的心靜下來之前，快樂一直都很遙遠。

近年來很紅的內觀／正念研究（mindfulness）核心概念是：覺察、接納與不評價。覺察自己當下的情緒狀態，如實地接納這些情緒的出現，不需評價自己，自在與平靜便會隨之而來。其實這些「退一步，觀照自己」的概念，也和這本書的觀點很像。所以，如果你和愛問小姐一樣，總是對愛情充滿不安與疑慮，老愛上演小劇場，這本書就是一個很棒的禮物——下次你再糾結的時候，可以問問自己：退一步看，佛陀會怎麼想？

推薦文 Recommend Ⅳ

戀愛中的 10 萬個為什麼？

夏霏

小時候，我們愛問：「為什麼？」是因為對世界充滿好奇。
戀愛時，我們愛問：「為什麼？」是因為想更瞭解另一半。
失戀時，我們愛問：「為什麼？」其實只是……不甘心而已。

戀愛，是人生中的第二個童年。在愛情裡，我們變得可愛、敏感，在愛人面前表現難得的幼稚與依賴。渴望浪漫的邂逅，期待在樂園中繽紛的約會，吃棉花糖、踩著落葉散步、用娃娃音呼喚戀人可愛的暱稱。彷彿童年來不及滿足的，都投射到戀愛裡。在親情、友情、愛情中，唯有愛情，擁有時會讓人患得患失，失去時會讓人容易做出傻事。因為在戀愛裡，戀人都是長不大的孩子，將對方當作可以依賴的家人、可以談心的好友、可以託付未來的另一半。就因為兩人之間的牽絆太深，所以在失去感情時會越發痛苦絕望。

別說情緒話，說真心話

單身時，我們問：「好想戀愛，我都沒人追，到底我的真命天子在哪裡？」嘴上這麼說，但身體卻選擇待在舒適圈，不願意拓展社交圈，只想在原地等待緣分降臨。又或者，明明就有追求者，但卻因為對方條件、感覺不對而忽略。當有人想要介紹對象時，卻習慣以「不用啦！」、「等緣分再說。」、「相親聯誼好奇怪，多不好意思。」一次聯誼可以認識一個朋友與他的生活圈，拓展眼界，有什麼不好呢？更多人有著*「愛問小姐」的疑慮：「他對我很好，但是我看不見他的未來，怎麼辦？」大佛說：「你愛的是條件，不是一個人。條件無法給你愛，人心才可以。」*多少人因為條件而戀愛、結婚，但為何還是有分開的結局？條件是參考用的，最重要的是兩個人是否真心想走下去。

曖昧時，我們問：「愛上好友，該告白嗎？」如果告白了，他不喜歡我怎麼辦？他遠離我怎麼辦？關係變尷尬了怎麼辦？*「愛問小姐」跟我們一樣，說：「我好怕知道真相，萬一他不喜歡我，我會很難過。」大佛說：「真相不會因為你怕而改變，反而因為你不怕而有機會改變。」*

戀愛時，當心中有了疑惑，我們會選擇問好友、求神問卜，卻很少人是直接把問題問另一半。我們很想問：「你這樣，是不是不愛我了？」、「你是不是喜歡上別人了？」**然而，我們在面對在意的對象時，總是習慣說「情緒話」，而非說出「真心話」**，因為怕自己沒面子、怕對方不高興、怕對方討厭自己、怕兩人關係變質。當你把自己的情緒擺在最上面時，面對兩人關係，便會表現得不在乎或過度在乎。你會問：「你是不是不愛我了？你和她是什麼關係？為什麼這麼親密？」但其實你只是想說：「我很在乎你，我愛你，可以讓我放心嗎？」愛與不愛都令人煩惱；分手與分不了手都讓人痛苦。*「愛問小姐」說：「我很想被愛啊！好痛苦喔。」大佛說：「被愛，有人對你好。不被愛，學著對自己好。」*

我們在沒有把握的時候，習慣依賴他人的解答。然而聽到解答，卻又習慣以「可是……」、「但是……」、「如果……」來推翻對方的答案。陳孝忠的《愛問小姐》裡，穿著時尚的女孩不斷地問大佛各種問題，大佛永遠帶著淡淡微笑，用一句雋永的話回應。*大佛不斷強調的就是：「關照你的心。當你的心變好，運就會變好。不管有沒有人愛你，你都該愛自己。」***把自己打理好，即使沒有愛情來敲門，也是對未來的自己最棒的投資。**

*大佛說：「你要的不是答案，而是信心。愛情的信心別人無法給，只能自己找。」***愛問小姐問的其實不是佛，而是內在智慧的一面。當我們定下心來，以超然的角度看自己的問題，往往會發現答案就在問題中。**

推薦文 Recommend Ⅴ

愛情魯蛇當久，你就神了

御姊愛

身為一個兩性作家，我其實是很佩服其他同業的，例如說，像陳孝忠這樣把愛情煩惱畫成四格漫畫，總在最後一格畫龍點睛的給了愛情困惑一記當頭棒喝跟提醒。別人看兩性作家，感覺像是雲淡風輕地說著塵世的小道理，事實上，要將自己對愛情的省思化成一句文字確實不難，但要能獲得共鳴，讓人感動撫慰，這就需要創作者本身非常雄厚的能量。

我的信箱，每天都有許多愛情煩惱的信湧入，接得多了，會發現其實許多的難題大同小異，你愛他，他不愛你；你愛他，他也愛你，但時不我與，兩人之中有人已婚；你愛他，但他愛你的方式折騰你；你不愛他，他也不愛你，但孩子已經生了又怎麼辦……看得開，放得下的人，選擇不將就；看不開，放不下的人，繼續撐著。

愛情是人生一個很重的主科，有人修得順順利利，有人修得跌跌撞撞，事實上總有好壞伴隨的時候，你能選擇要，也能選擇不要，在不斷選擇的過程中，我們往往需要一些啟發的時刻。

說實話，兩性作家 / 畫家，貌似愛情專家，其實不然。許多時候，我們比其他人更容易困囿在各式各樣的迷惘裡，之所以能夠產出一篇又一篇，一則又一則的愛情叮嚀，是因為我們願意站得遠一點，眺望這些糾結的愛情煩惱，細細理出一些道理，即使我們也曾經歷那些不堪回首的往事，也曾一度為此摔得粉身碎骨。

10 幾歲有 10 幾歲的愛情煩惱，20 歲 /30 歲 /40 歲以後的煩惱仍然不會少，只是煩惱的問題不盡相同，有些事你遇過了，懂得怎麼處理，於是你的一個提點對正陷入困境的他 / 她來說，都可能是一根救生浮木，當他遇過了，某天他也就明白了，然後他便擁有再丟浮木給別人的能力。

愛情裡的支援，像是一個互助會，你幫我，我幫你，走過的人幫還沒走過的人，兩性作家／畫家不是天生懂，而是常常摔，摔多了，自然成為有能力丟救生圈給別人的人，同時，我們也從別人被療癒的靈魂裡，得到屬於自己的救贖，這才明白，「噢，原來，那段岔路沒有白走。」

《愛問小姐》其中一篇我很喜歡，問者問：「好累喔，我好像愛上一個不誠實的人。為什麼他說話，聽起來很合理，但是我就不相信？」

答者答：「因為真相不在言語之中。真相，藏在行為裡。」

常常是這樣的，因為我們的心太柔軟，於是總是在一次又一次的理由裡原諒對方，然而卻又騙不了自己的覺知，總感到哪裡怪怪的，其實在我們把愛情煩惱問出口的那瞬間，自己早已有答案。每一道愛情的難題都是如此，問者並不是真的有純然的問題，而是需要一個強而有力的答案支持你其實不敢面對的想法。

兩性書籍並不了不起，我們只是給你這樣的力量。

兩性書籍更不空泛低俗，因為每個人都有不夠堅強，需要被撐一把的時候。

提點的話語不需要多，但需要切中要點，最近，我們流行把這種話語稱之為「神回覆」。陳孝忠用了佛祖的肖像暗示一個答者無所不知、包容萬物的高度，是宛如神的回覆。我自己本身是基督徒，也在禱告裡尋求神回覆。

而對讀者，若能讓你有所感動與啟發，哪怕一本畫集，一本書，甚或萬事萬物，都可以是支持你的生命更有力量，在愛裡更無所懼怕，繼續往前走的人生暖暖包。

作者序
AUTHOR PREFACE

作者序 Preface

文/Jeff 陳孝忠

這是第二次創作關於愛情的漫畫作品，之前的「我愛你愛我」單格漫畫，以諷刺搞笑為主，這次卻來個大轉彎，沒有好笑的點，也不走惡搞愛情的路線，用輕鬆可愛的風格，單純的回到一問一答，直指愛情中的煩惱，透過問題，讓每個人反思心中對於愛情的答案。

愛情有答案嗎？我想應該是沒有。

就因為每個人答案不同，但是煩惱卻很相近，這點很有趣，也讓我對愛情這件事情上，有了很多為什麼，所以想要找個方式，讓這件對大家既心動又心痛的事，得到最好的對話。

愛情的理論各說紛紜，所以，想到最直接的方式，就是問吧！問出心中的煩惱，雖然不見得馬上就能得到回應，但至少，找到最原始的煩惱根源，才能比較明白接下來的方向要往何處去。

因此，「愛問小姐」這部漫畫作品出現了！！

《愛情裡無智者，那麼，智者眼中的愛情又是什麼？》這是「愛問小姐」的作品主題。

當愛情來臨時，有時候，確實無法控制理性，平常所保持的風度，一一的被愛給侵蝕。但是，如果因此而故意和愛保持距離，讓心沒有一絲的牽動，那也不能稱作愛情，所以，在這兩難之間，我們該如何與愛情好好相處？

在這次作品中，有一段話是這麼形容：「緣份需要剛剛好的力氣，隨順的心。好事不用勉強，勉強來的不會是好事」。

或許，在變化無常的愛情中，輕輕握住命運中的緣份，用一顆隨順的心，恰到好處往前進，不論遇上什麼際遇，先安住內心，煩惱相信也會隨著改善。

我們充滿問題，希望有人能幫助我們找到答案，努力的問天問地，好像明白了很多道理，只是最終，也只有自己能解決問題。

越複雜的事，越要一顆簡單的心。

當我們往內心探索，其實所有的智慧都在自心之中，只要試著安靜內心，所有紛亂現象將會變得清楚明白，也就容易找到與煩惱和平相處的方式了。

所以，看似與愛情有關的「愛問小姐」其實不只是兩性的書，它更是一本關於人性的書。雖然談的是愛情的煩惱，那何嘗不也是人性的困擾。

在不停的提出問題，不斷得到內心的回應，有一天，你會發現，其實我們都是充滿煩惱的愛問小姐，也都能成為平息煩惱的智者。

最後，「愛問小姐」漫畫還持續在蘋果日報連載中，這本書的所有觀點，還有很多地方可能不盡理想，如有不足之處，後續連載的作品，我會努力改善，希望能帶給讀者更多共鳴。

在此，要感謝很多人事物。

這部作品，從開始在蘋果日報連載到出書，受到非常多的鼓勵和幫助。家人、好朋友、報社主編、遠流出版社的工作夥伴、本書所有推薦人、還有粉絲團中給讚的眾多粉絲朋友。

真的，心裡真的非常感謝。

如果你剛好正在煩惱中，希望這本書，能帶給你一點點安慰。

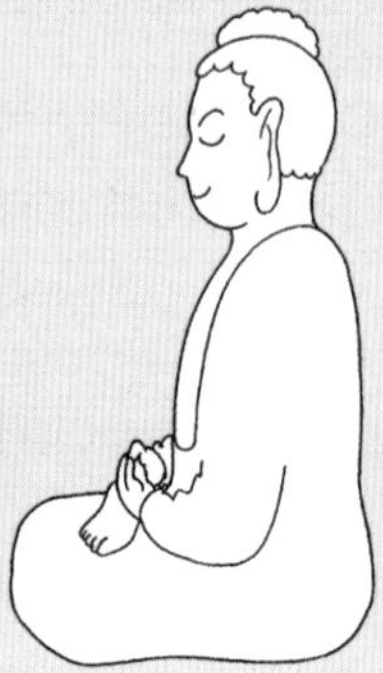

PART 1 愛情降臨前

遇見

文/Jeff 陳孝忠

就這樣，一直守著，直到讓內心悸動的人出現。

如果愛那麼容易，這個世界只會非常無趣也無意義，所以，一直堅信，愛情的到來，一定帶著某種的含意，如果眼前的人，沒有特別之處，那就不適合心中唯一的位置。

人與人之間，存在著某種特別的連結，沒有道理，就不會有交集。所以在進入愛情前的自己，精算著這是友情還是愛情，對任何反應都小心翼翼，不會放過所有細節，仔細推敲，唯一想確定的是，他是不是真的帶著訊息而來的人。

這是迷信嗎？
在愛情面前，誰不迷信！

喜不喜歡一個人，在第一眼就能決定，然而愛上一個人，需要時間的累積，才能明白心裡真正的感受，所以，不斷的考驗，也不斷的忍受孤單，甚至於認為，等待著真正的愛情，也是愛的一部份。身為愛情信徒的自己，堅信著這樣的傳統道理，想好每個步驟，只因為不要破壞愛情在心中的神聖地位。

然而，時間會走遠，年華會老去，自己所相信的愛情，真的存在嗎？

信心開始動搖，眼看著身旁人的愛情為何如此容易，沒有太多道理，彷彿昨天才認識，今天兩人就在一起，這是什麼樣的狀況，好像全世界只剩自己，難道自己的認知出了大問題，為什麼？這是為什麼？

開始對自己提出問題之時，也正走向修正之路。

有時候，自己只是逃避，不敢真正放膽向前一步，其實是因為害怕，害怕受傷，更怕傷了爬不起，所以用道理來麻痺自己，告訴自己上天會安排好所有的事，只要堅守信念，一切自然都會發生，然而，事實真的如此嗎？

真實世界的運轉，需要自己自動，命運才會跟著轉動。

任何事情，想像與現實，有很大的距離，如果沒有實際行動，再多的準備，都也只是空談，所以，放開標準，不再死守道理，邁向實際，愛情需要練習，才會明白如何繼續。

一步一步，開始小心的與人接近，從平常興趣談到如何幫助世界和平，慢慢發現，原來這才是與人相處的溫度，不管自己對愛情有多高的憧憬，任何的愛，都是平實的從人先認識起，每個人，都有不同的面向，如果只用愛情的尺來衡量是否有交往的必要，那麼，生活將錯失很多可能性，也不會讓自己的愛情更順利。

愛情的悸動，不會無緣無故的發生，就算懂得再多道理，知道愛需要累積，但是，沒有一顆放開的心，將心交於實際，都無助於對愛情的認識。

每個人都期待能有一段非常特別的關係，因愛而努力，體會和另一個人真正的相知相惜，但是在此之前，由衷希望，自己學會勇氣，也願意接受愛情的衝擊，不管是否盡如人意，但是，相信保持一顆真心，愛情的所有變化，都會在生命裡綻放美麗。

然而，
現在才發現，
原來，
真正想遇見的，其實是更開闊的自己。

001.

讓心停下來，愛情才能看見你。

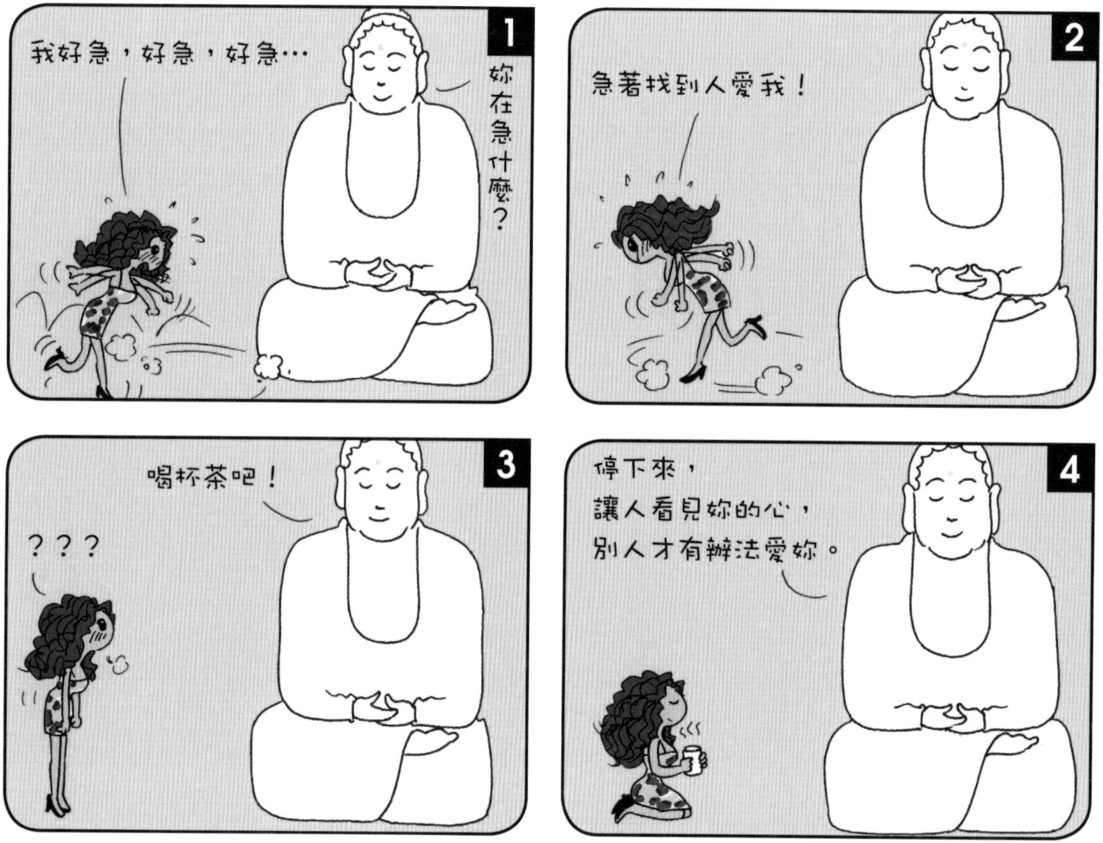
1
我好急，好急，好急…
妳在急什麼？
2
急著找到人愛我！
3
喝杯茶吧！
？？？
4
停下來，
讓人看見妳的心，
別人才有辦法愛妳。

002.

好的緣份，來自於好的心念。

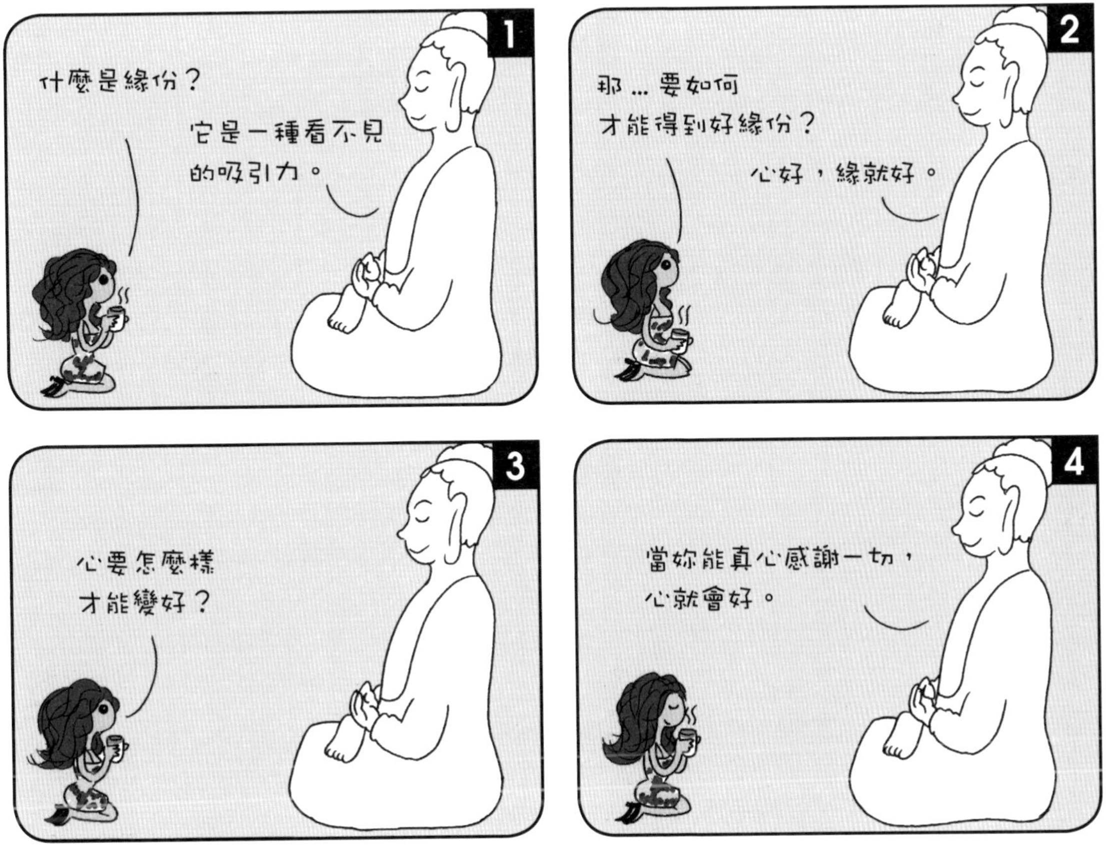

什麼是緣份？
它是一種看不見的吸引力。
那…要如何才能得到好緣份？
心好，緣就好。
心要怎麼樣才能變好？
當妳能真心感謝一切，心就會好。

003.

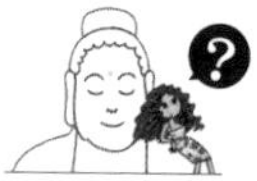

愛情不要急，越急，對方心越緊。

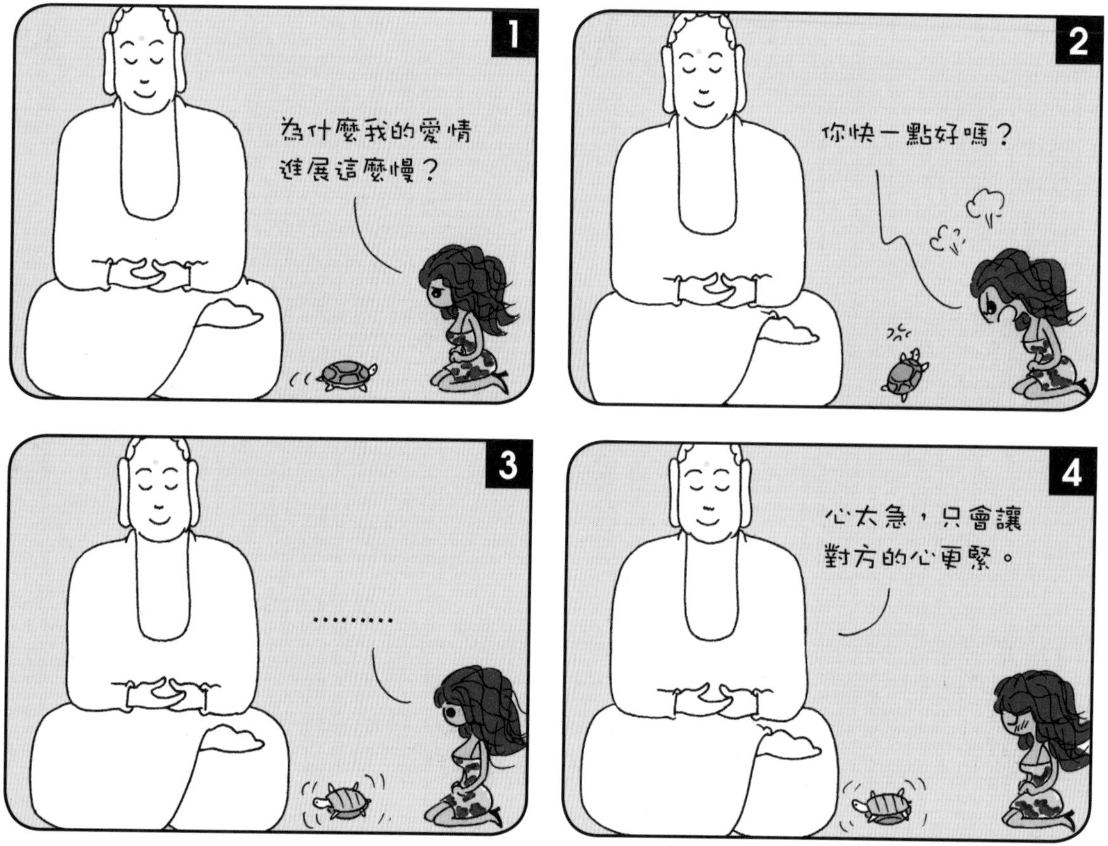
為什麼我的愛情
進展這麼慢？
你快一點好嗎？
……….
心太急，只會讓
對方的心更緊。

004.

快樂可以很便宜，昂貴不會比較快樂。

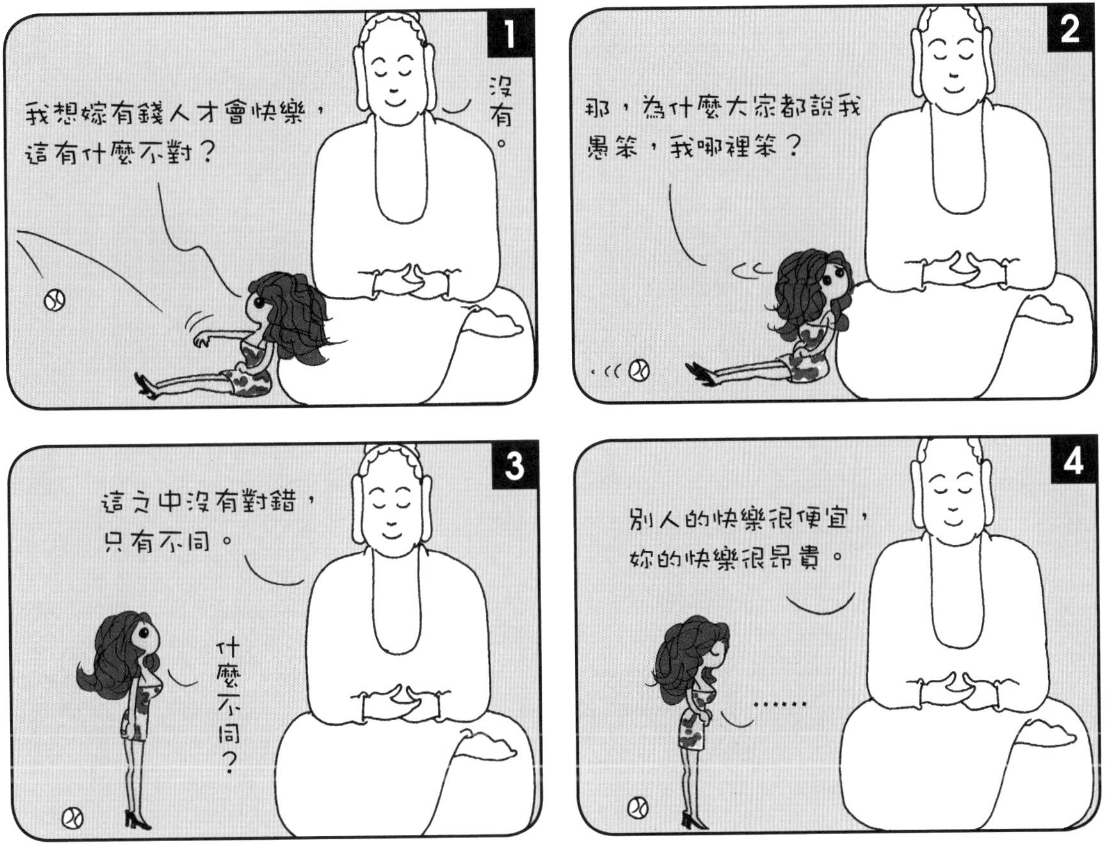
我想嫁有錢人才會快樂，
這有什麼不對？
沒有。
那，為什麼大家都說我
愚笨，我哪裡笨？
這之中沒有對錯，
只有不同。
什麼不同？
別人的快樂很便宜，
妳的快樂很昂貴。
……

005.

看得多遠，愛情就走多遠。

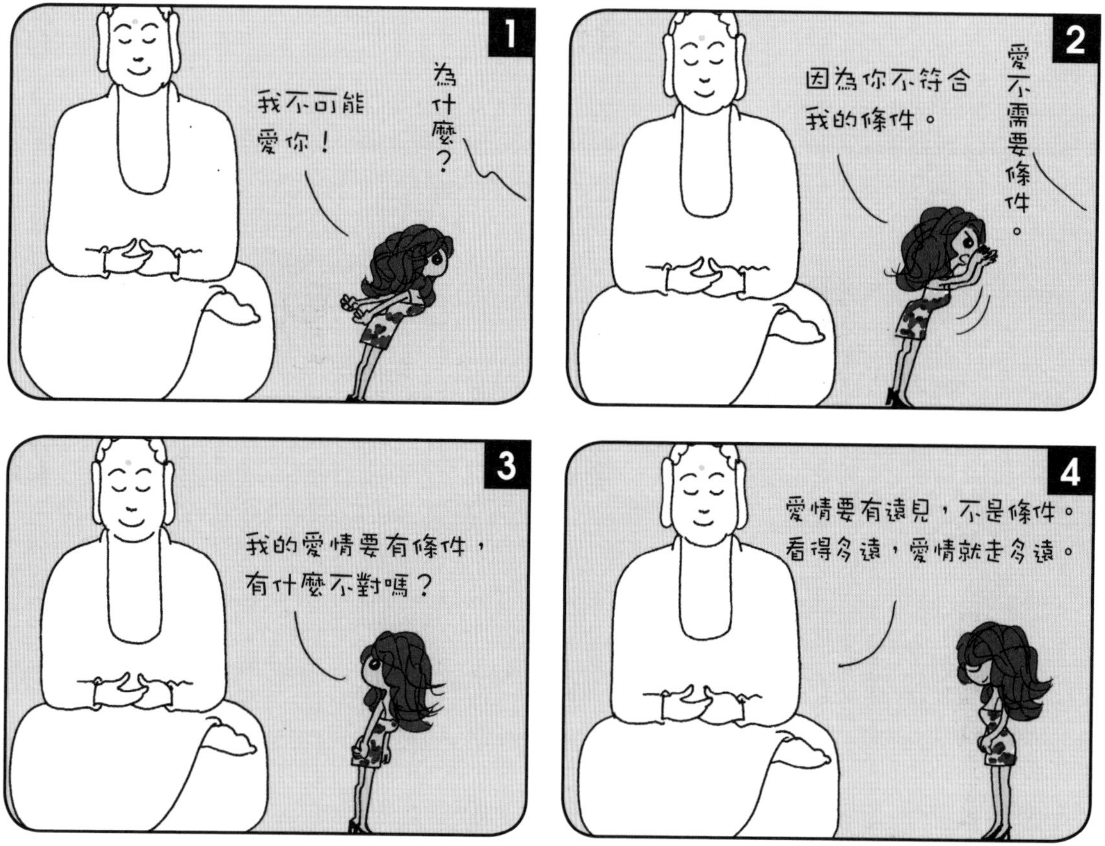
我不可能愛你！
為什麼？
因為你不符合我的條件。
愛不需要條件。
我的愛情要有條件，有什麼不對嗎？
愛情要有遠見，不是條件。看得多遠，愛情就走多遠。

006.

什麼樣的觀念，決定跟什麼緣份相見。

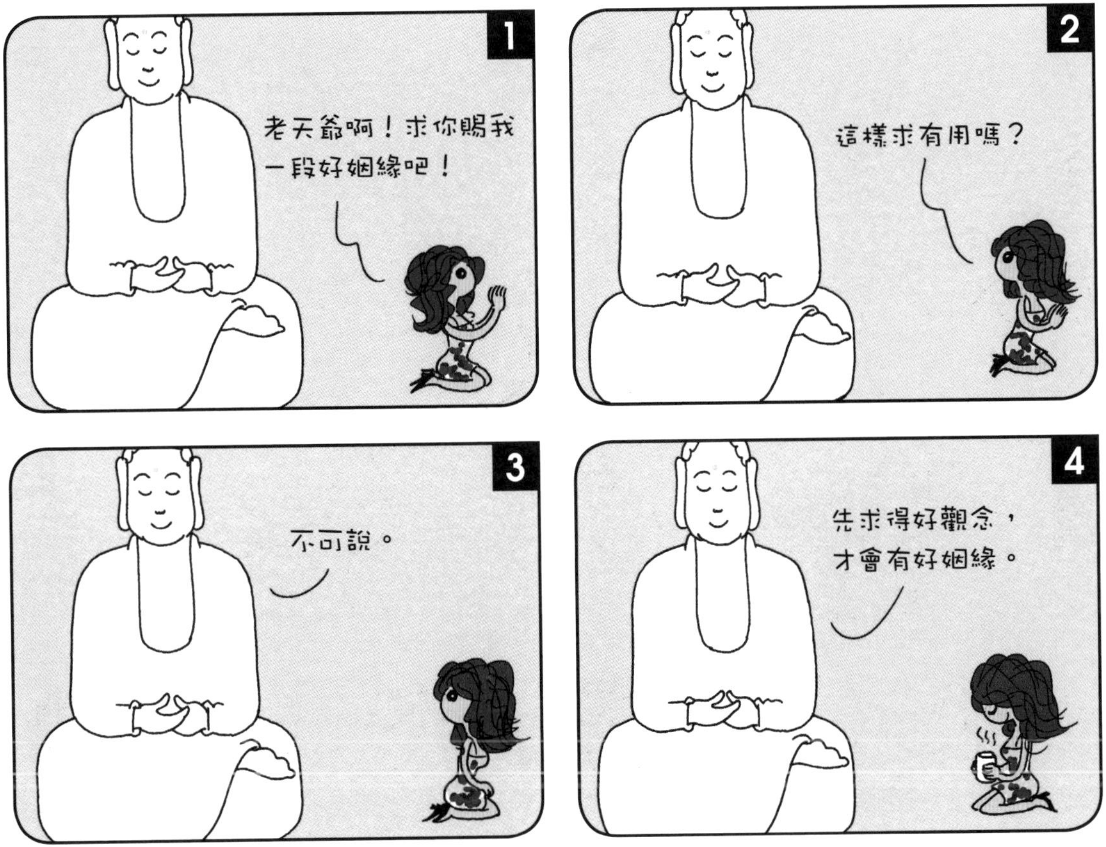
1
老天爺啊！求你賜我
一段好姻緣吧！
2
這樣求有用嗎？
3
不可說。
4
先求得好觀念，
才會有好姻緣。

007.

被愛，很好。不被愛，學著對自己好。

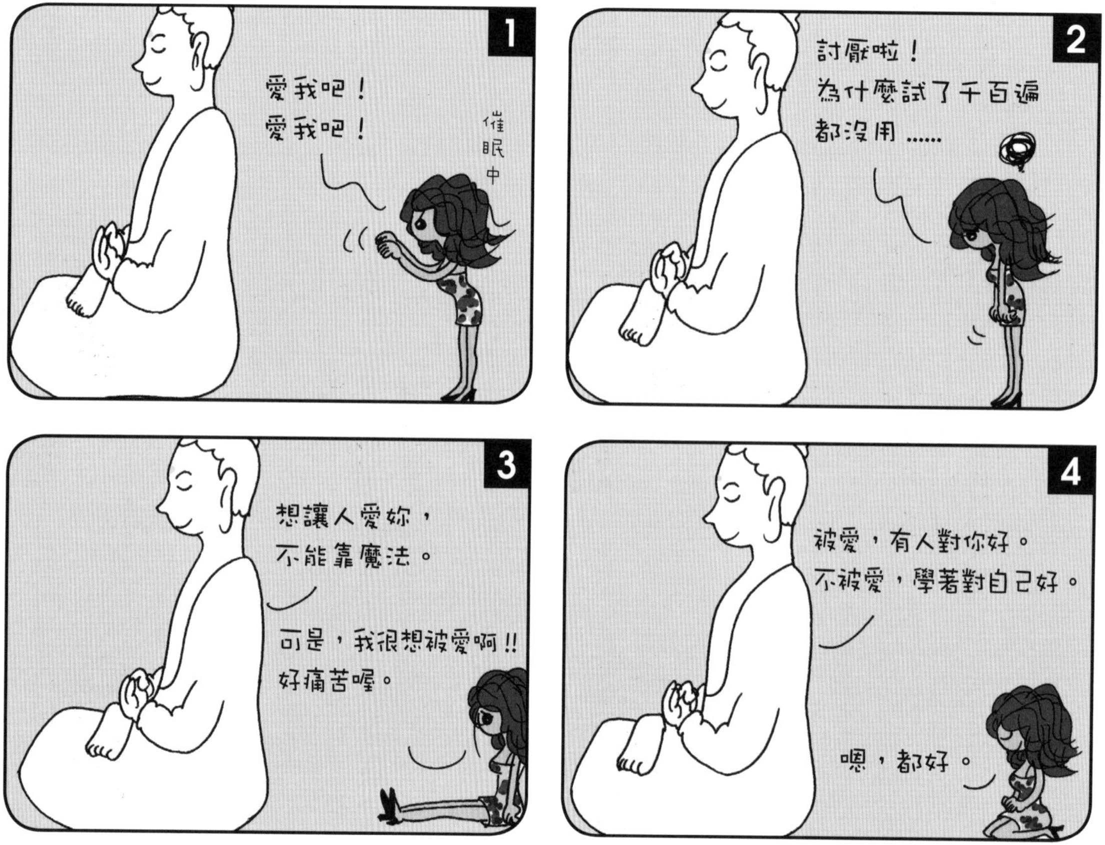
1
愛我吧！
愛我吧！
催眠中
2
討厭啦！
為什麼試了千百遍
都沒用……
3
想讓人愛妳，
不能靠魔法。
可是，我很想被愛啊!!
好痛苦喔。
4
被愛，有人對你好。
不被愛，學著對自己好。
嗯，都好。

008.

愛情，來得早，不如來得好。

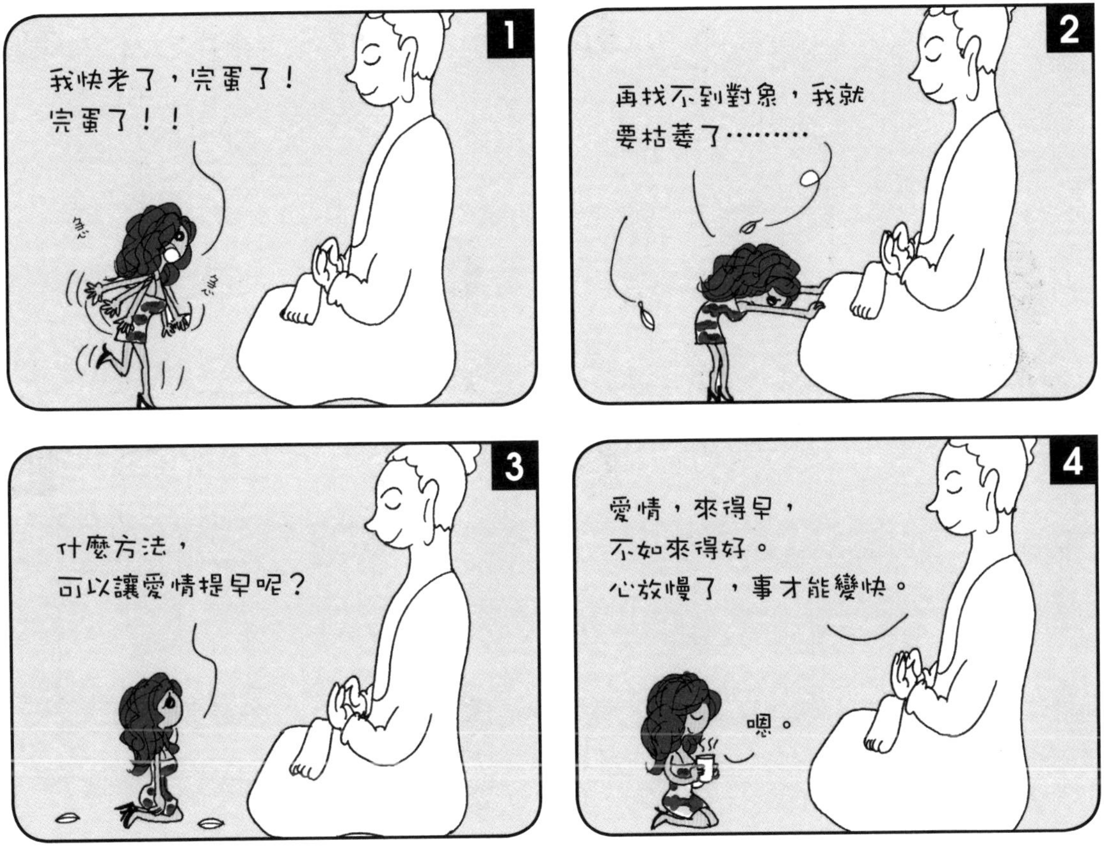
1
我快老了，完蛋了！完蛋了！！
2
再找不到對象，我就要枯萎了………
3
什麼方法，可以讓愛情提早呢？
4
愛情，來得早，不如來得好。心放慢了，事才能變快。
嗯。

009.

愛情，沒有命中註定，只有自己決定。

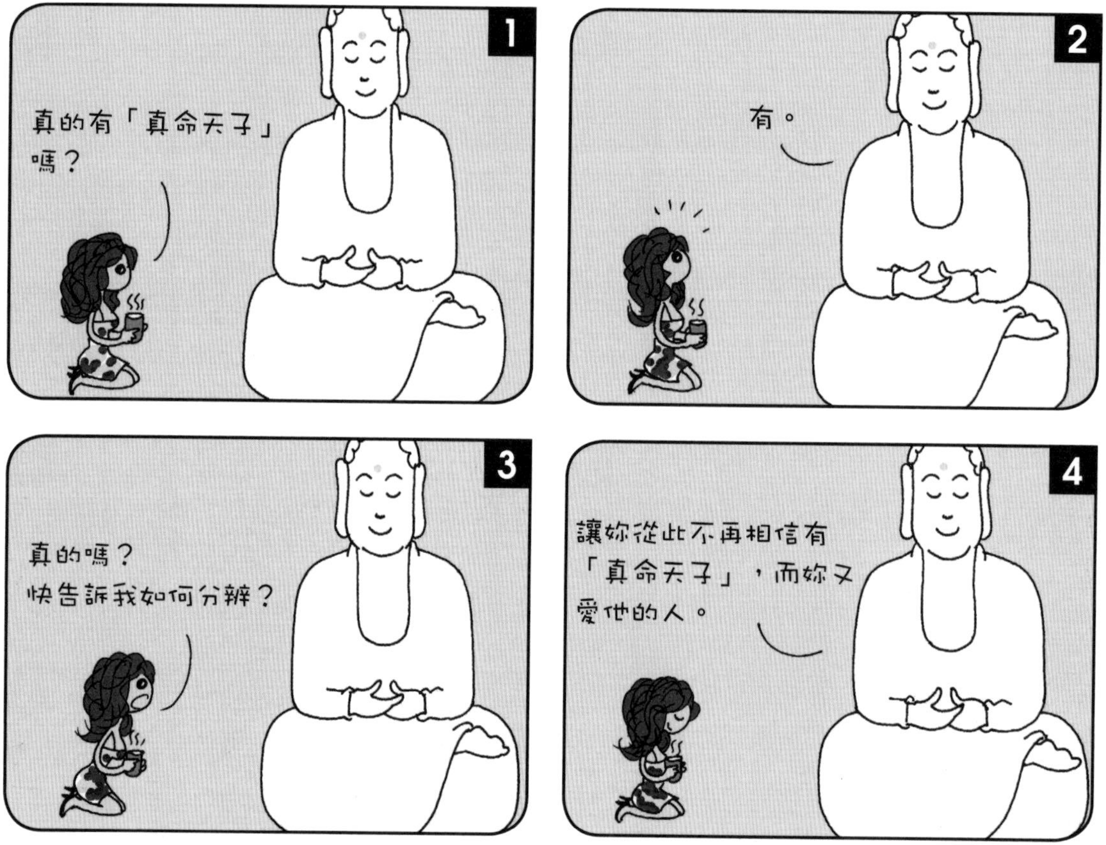
真的有「真命天子」嗎？
有。
真的嗎？快告訴我如何分辨？
讓妳從此不再相信有「真命天子」，而妳又愛他的人。

010.

努力讓自己變得更好的人，最可愛。

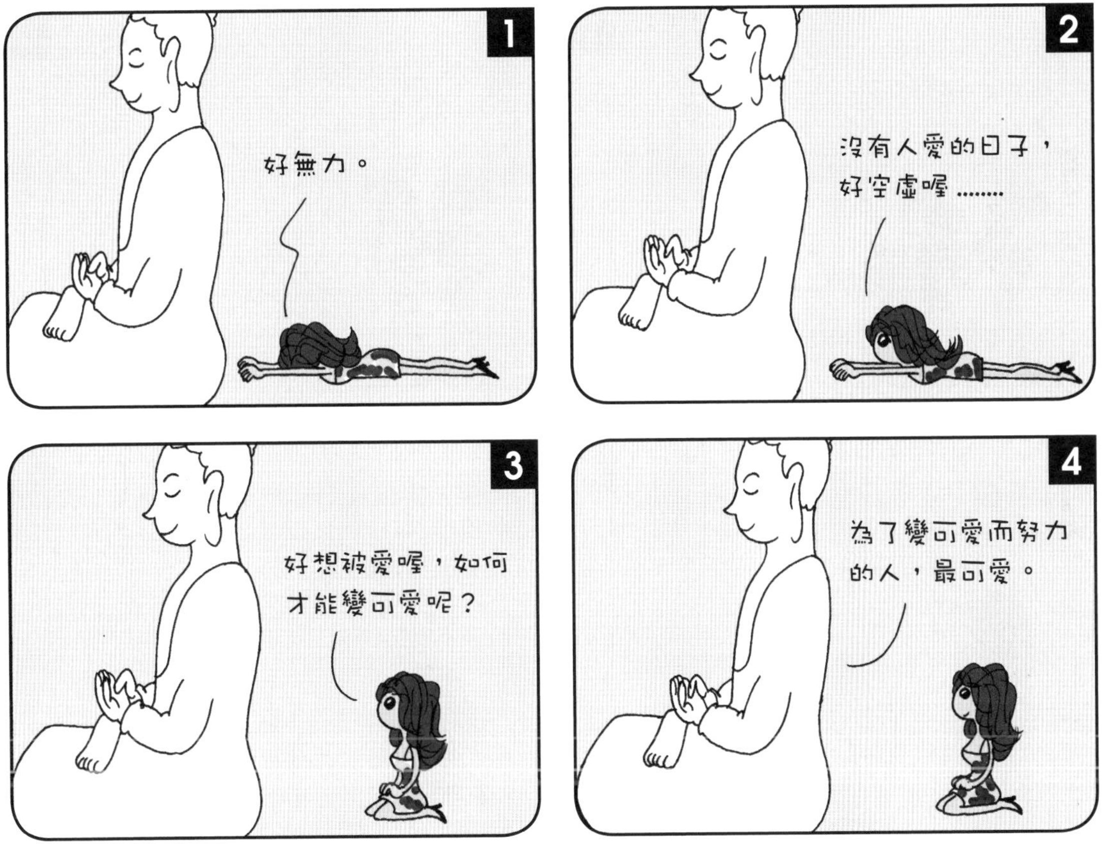
1
好無力。
2
沒有人愛的日子，
好空虛喔……
3
好想被愛喔，如何
才能變可愛呢？
4
為了變可愛而努力
的人，最可愛。

011.

強者不怕受傷，也不讓人受傷。

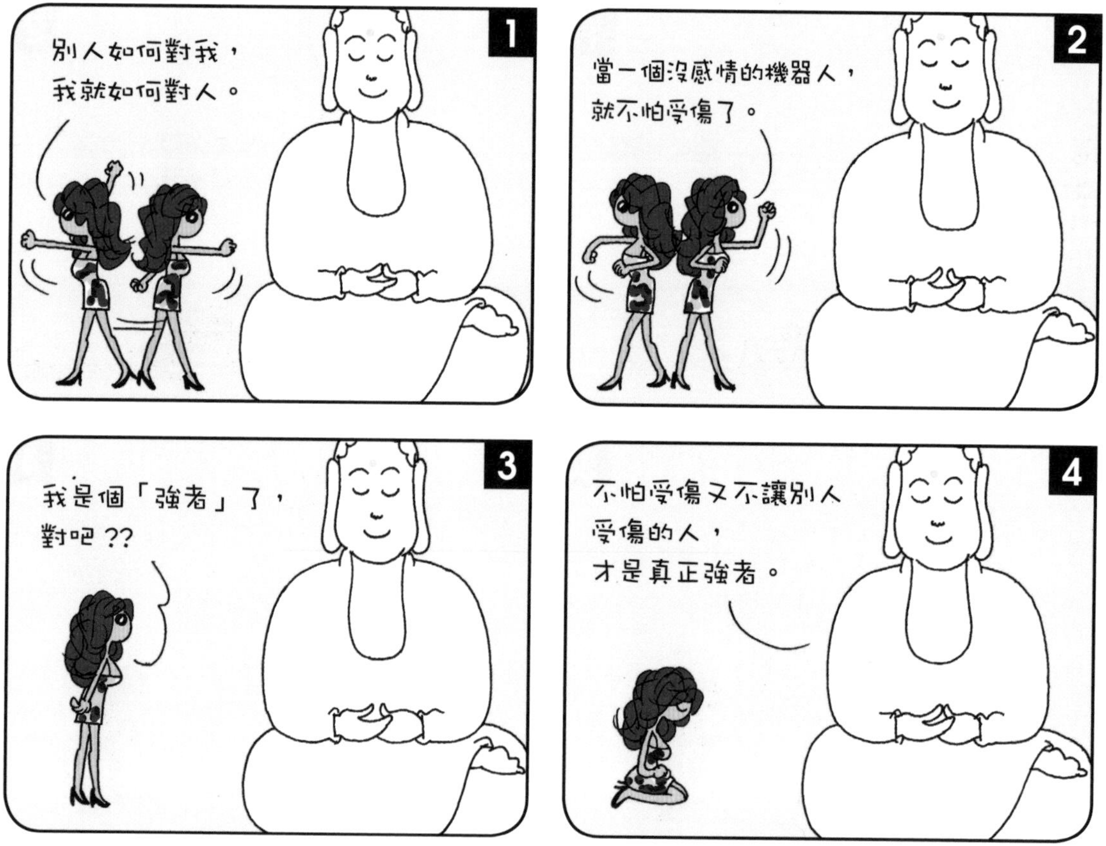
1
別人如何對我，
我就如何對人。
2
當一個沒感情的機器人，
就不怕受傷了。
3
我是個「強者」了，
對吧??
4
不怕受傷又不讓別人
受傷的人，
才是真正強者。

012.

有苦才有樂，面對痛苦才能接近快樂。

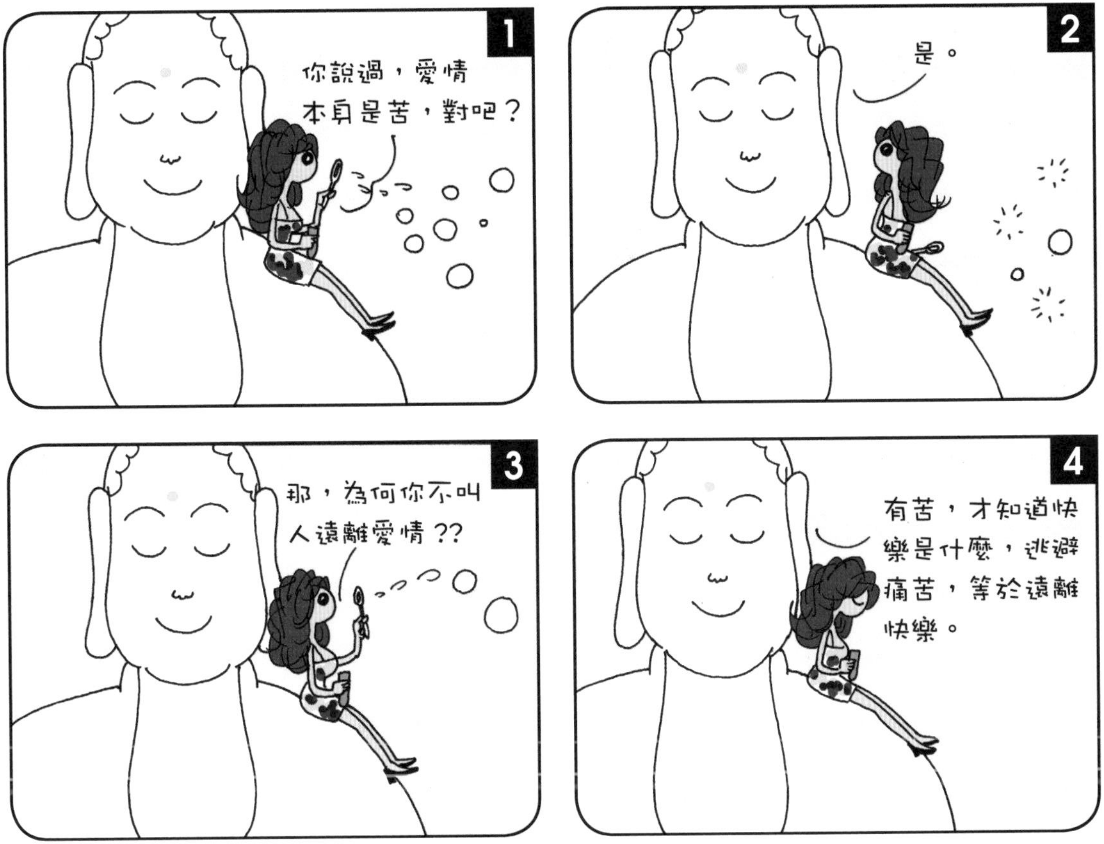
1
你說過，愛情本身是苦，對吧？
2
是。
3
那，為何你不叫人遠離愛情??
4
有苦，才知道快樂是什麼，逃避痛苦，等於遠離快樂。

013.

?

如果你愛，會替對方找理由，
如果不愛，會為自己找藉口。愛情，因此盲目。

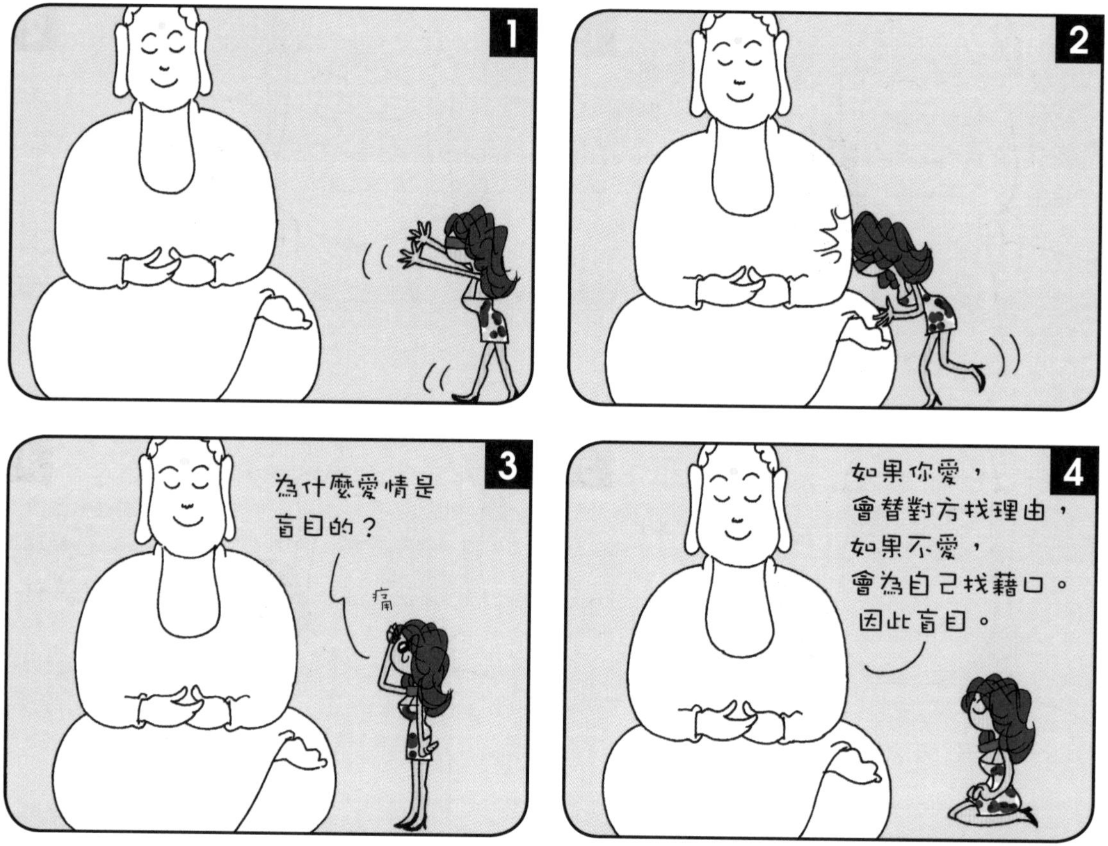
1
2
3
為什麼愛情是
盲目的？
痛
4
如果你愛，
會替對方找理由，
如果不愛，
會為自己找藉口。
因此盲目。

014.

知道要什麼，上天會讓出一條路，
只知道不要什麼，則會找不到路。

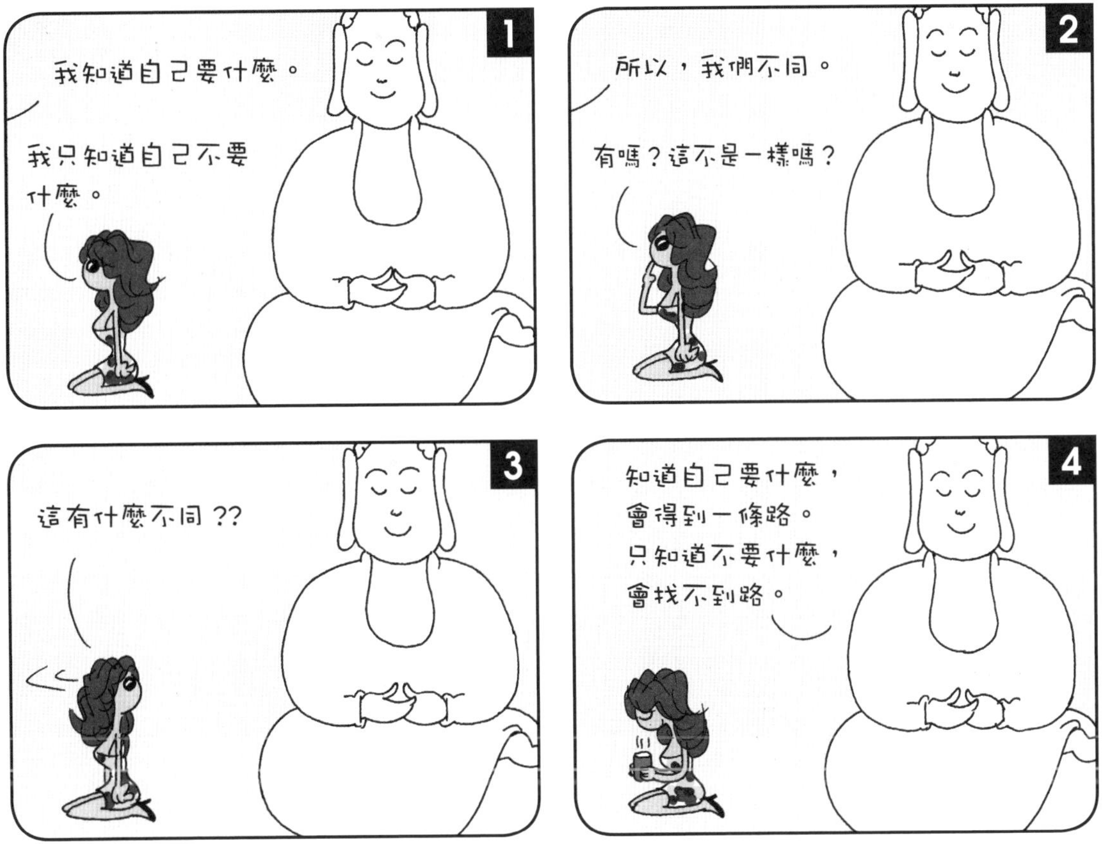
1
我知道自己要什麼。
我只知道自己不要什麼。
2
所以，我們不同。
有嗎？這不是一樣嗎？
3
這有什麼不同？？
4
知道自己要什麼，會得到一條路。只知道不要什麼，會找不到路。

015.

不論什麼樣的愛，都不能強迫別人愛你。

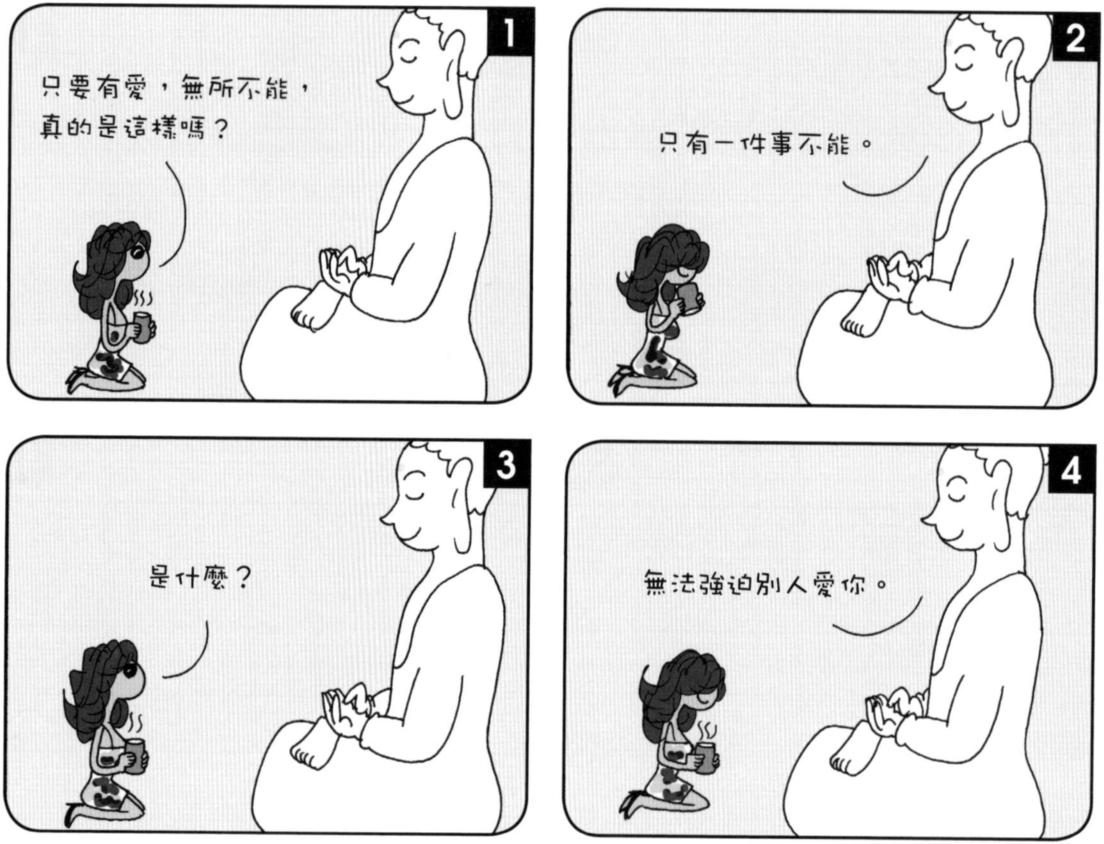
1
只要有愛，無所不能，
真的是這樣嗎？
2
只有一件事不能。
3
是什麼？
4
無法強迫別人愛你。

016.

選擇愛，不在對方有多好，而是對你有多好。

1
之前你說，「條件」無法給人愛，真心才可以。
是。
2
可是，很多人覺得愛情的選擇，條件比較重要。
3
我搞不清楚了!!
怎麼辦??
4
選擇愛，
不在對方有多好，
而是對你有多好。

017.

你是什麼樣的情人，你就是什麼樣的為人。

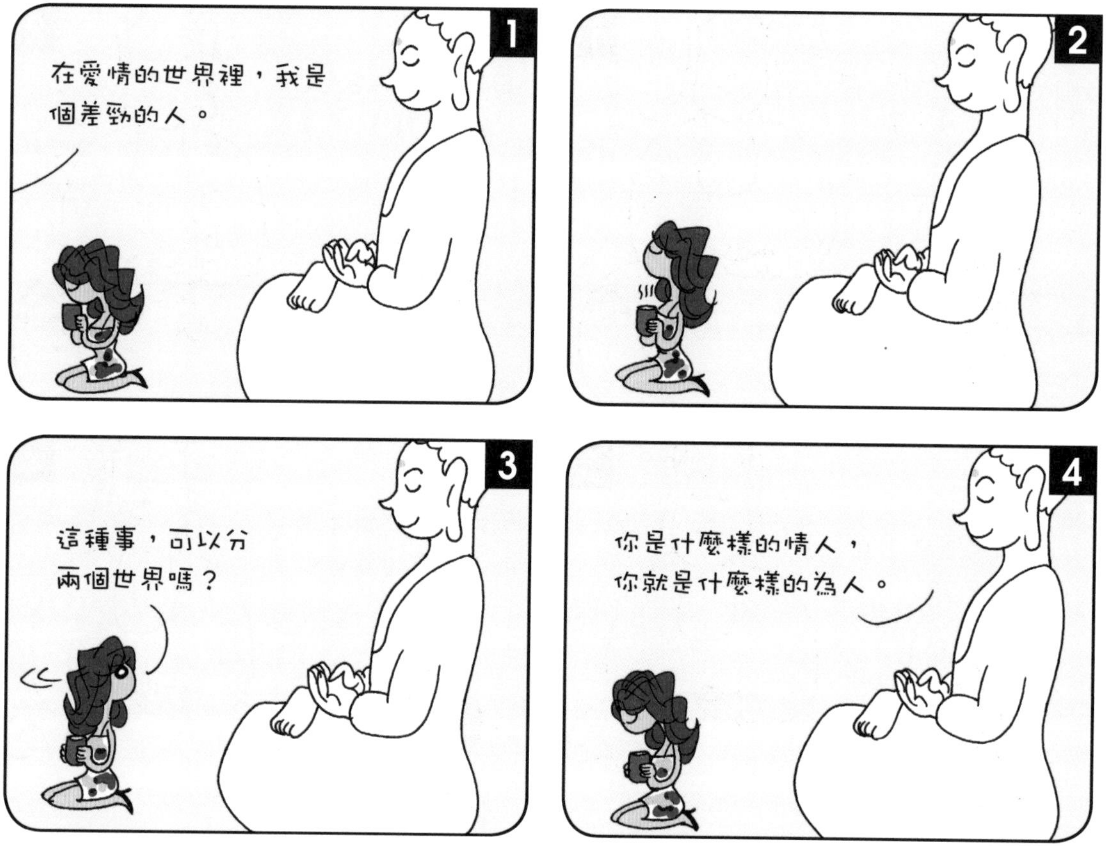
1
在愛情的世界裡，我是
個差勁的人。
2
3
這種事，可以分
兩個世界嗎？
4
你是什麼樣的情人，
你就是什麼樣的為人。

PART 2 愛情進行式

愛情花

文 /Jeff 陳孝忠

兩顆心終於有了交集，對於愛情的憧憬，各自在心裡無限放大，此時此刻，愛情像一朵盛開的花，豔麗又亮眼，全世界都為我們歡樂起來，驚然發現，人生原來可以如此綻放精彩。

愛情中的人，最不缺的就是時間，但是，最缺的也是時間。當心裡裝滿另一顆心時，所有時間都為對方而活，整個人精神了起來，像是有了超能力，沒有做不到的事，然而，也沒有時間耐性等待慢一點的回應，胡思亂想的心，都是為了不想錯過自己愛情故事的任何細節。

是的，每個墜入愛河的人，都想為自己寫故事，一個讓人驚心動魄的美麗故事，因此，夢幻與現實的衝突就此開始。

為什麼情人那麼容易吵架？就在每個人的愛情夢不同 。

在愛情的開始，我們不會說明自己所要的劇情，總是希望對方能給我們夢想中的安排，這像是一種遊戲規則，不說明，但希望能被猜中，如此一來，增加了生命中的戲劇張力，能讓自己的故事永遠可以在某個聚會上談起，或是在年老時，告訴自己的子女，當年自己有多麼精彩的愛情際遇。

談起來像是有點幼稚，但誰不是如此？

生活如果沒有想像力，那就只是活著而已，因此，如果有了命運的信念，不管什麼樣的劇情，在戲中的自己，都會努力演出，享受幻想中的觀眾，給自己熱烈的掌聲。

我們好不容易成了主角，在劇情上，有人想要浪漫快樂加上悲傷感人，有人偏愛冒險刺激，這些愛情夢，再度讓彼此增添煩惱，更讓自己的情緒陷入上一秒天堂下一秒地獄的循環中。

因此，兩個人都在摸索中前進，不論以往有多少的經歷，每段新的戀情，都掛著期待的心，希望這次不一樣，真的不一樣，告訴周遭的人，也告訴自己那顆不安的心。

誰來安住這顆為愛而不安的心呢？

像是失去一半的靈魂，終於找到了不足的那部份，終於圓滿，也不再孤單，只是在隱約的情緒中，永遠覺得心中的不安如影隨形。

為何會如此？

到底是哪個地方不對，或是什麼細節做的不夠，我們都願意為此而努力，相對的，也希望對方用真心對待彼此的關係。只是，在這樣的認知下，愛情終究開始有裂痕，因為，人，不是缺一半的個體，每個人都是完整而唯一，兩個人想要相知相惜，需要的是完整獨立的人，所以，先愛了自己，才會讓愛傳出去。

想要了解或接受這樣的觀點，不太容易，尤其在愛情正濃時，最不想的就是一點點的分離，更別說要每個人獨立做自己，只是，事實上，不論自己所堅信的愛情信仰是什麼，只有從人性的角度開始理解，才能恰到好處的面對愛所帶來的酸甜苦辣，人性的煩惱，就是愛情的煩惱，所有欲望中的反應，都會加倍反應在愛情裡。所以，不管你的愛情故事怎麼寫，愛一個人，先從認識人開始，這個人，就是自己。

愛情之間所有的點點滴滴，都在學習如何成為圓滿獨立的個體，並非與誰合而為一，如果能往內看見自己的心，不難發現，在愛情花盛開之時，我們珍惜世界給自己這樣的幸運，也學會接受不完美的完美，或許才是相愛的實用道理。

018.

有些事明白就好，不要追根究底。

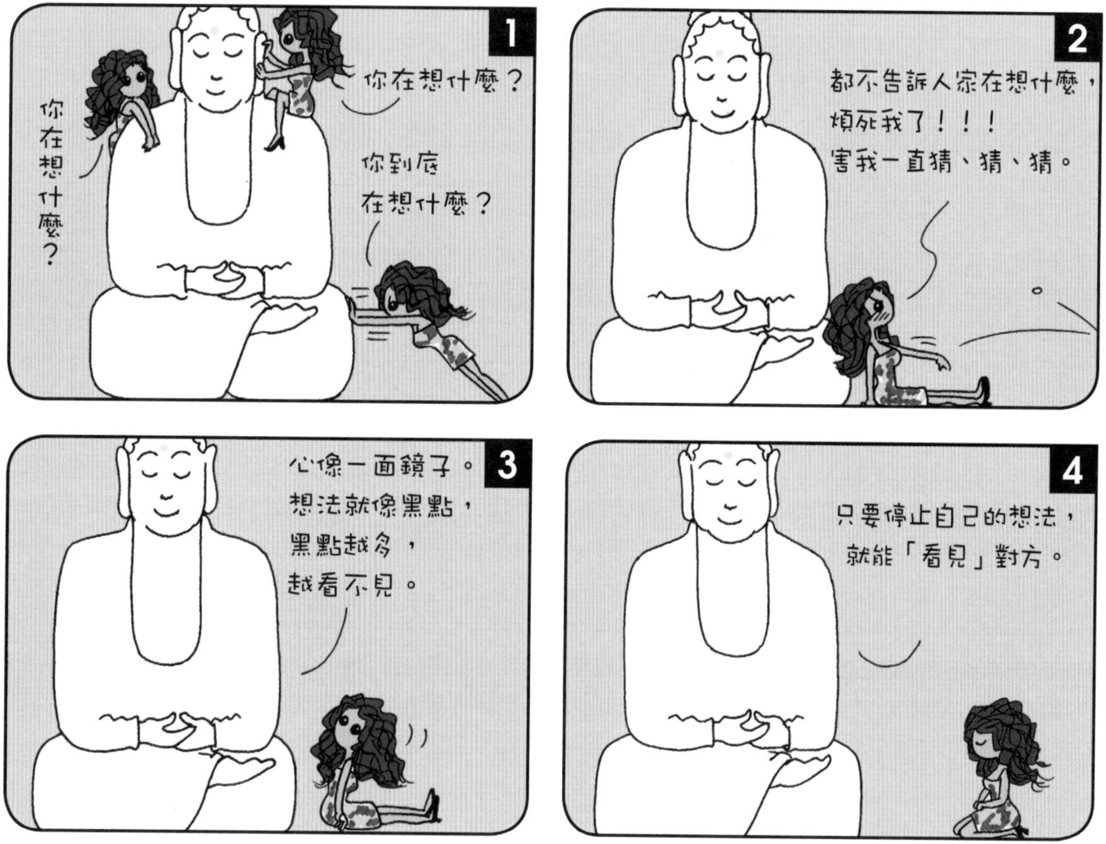
1
你在想什麼？
你在想什麼？
你到底在想什麼？
2
都不告訴人家在想什麼，
煩死我了！！！
害我一直猜、猜、猜。
3
心像一面鏡子。
想法就像黑點，
黑點越多，
越看不見。
4
只要停止自己的想法，
就能「看見」對方。

019.

對的事讓三分，感情才會加溫。

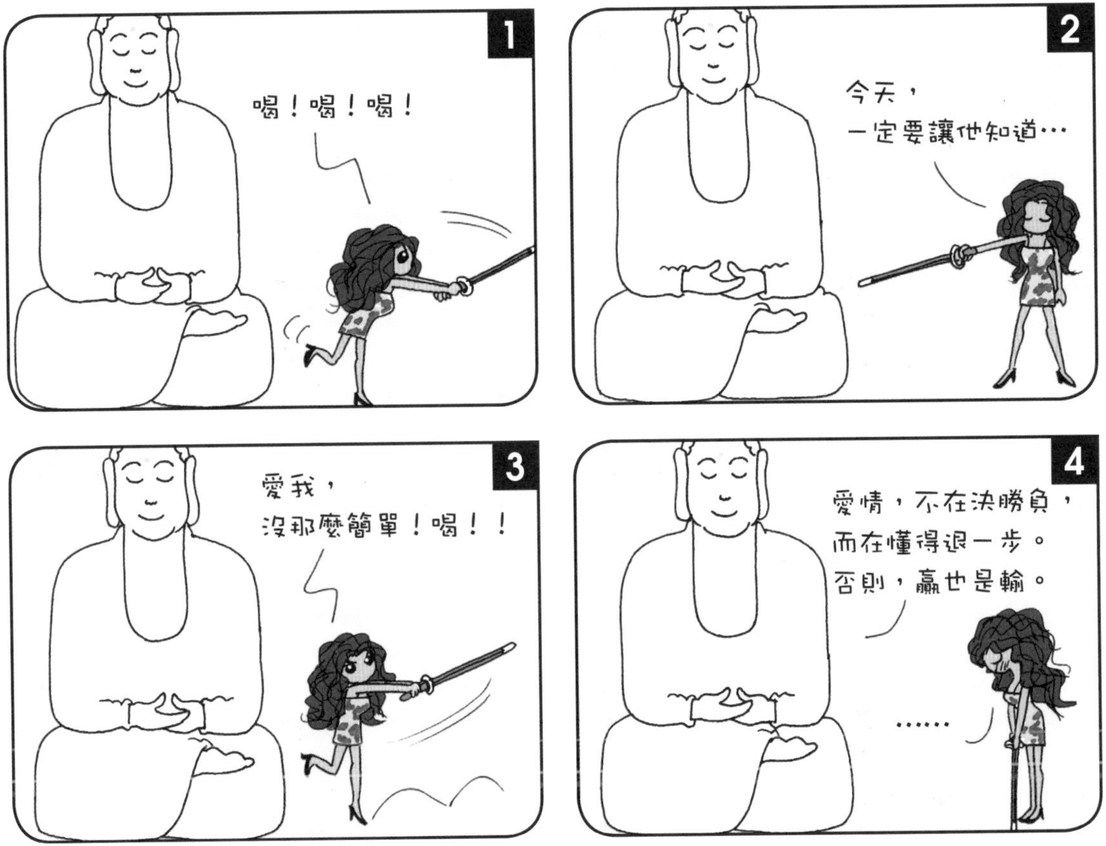
1
喝！喝！喝！
2
今天，
一定要讓他知道…
3
愛我，
沒那麼簡單！喝！！
4
愛情，不在決勝負，
而在懂得退一步。
否則，贏也是輸。
……

020.

柔軟會有力量，懦弱則有煩惱。

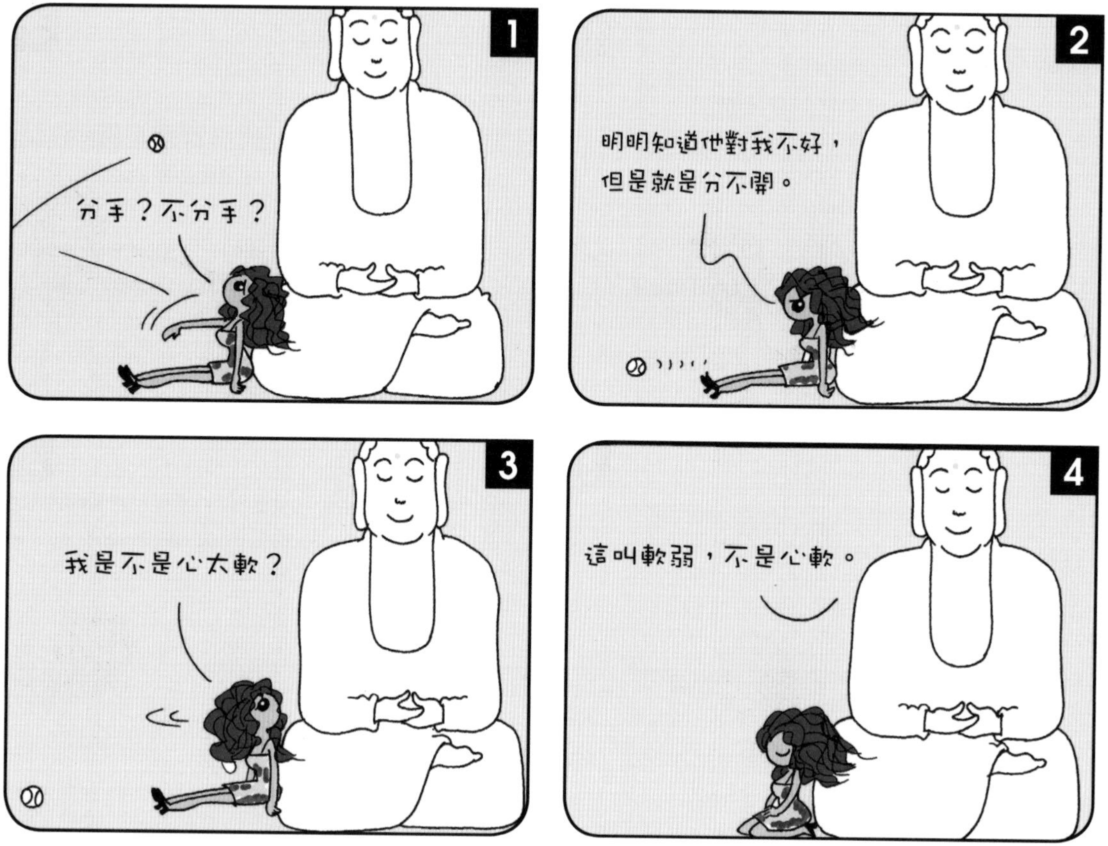
1
分手？不分手？
2
明明知道他對我不好，
但是就是分不開。
3
我是不是心太軟？
4
這叫軟弱，不是心軟。

021.

不怕分離，愛情才能繼續。

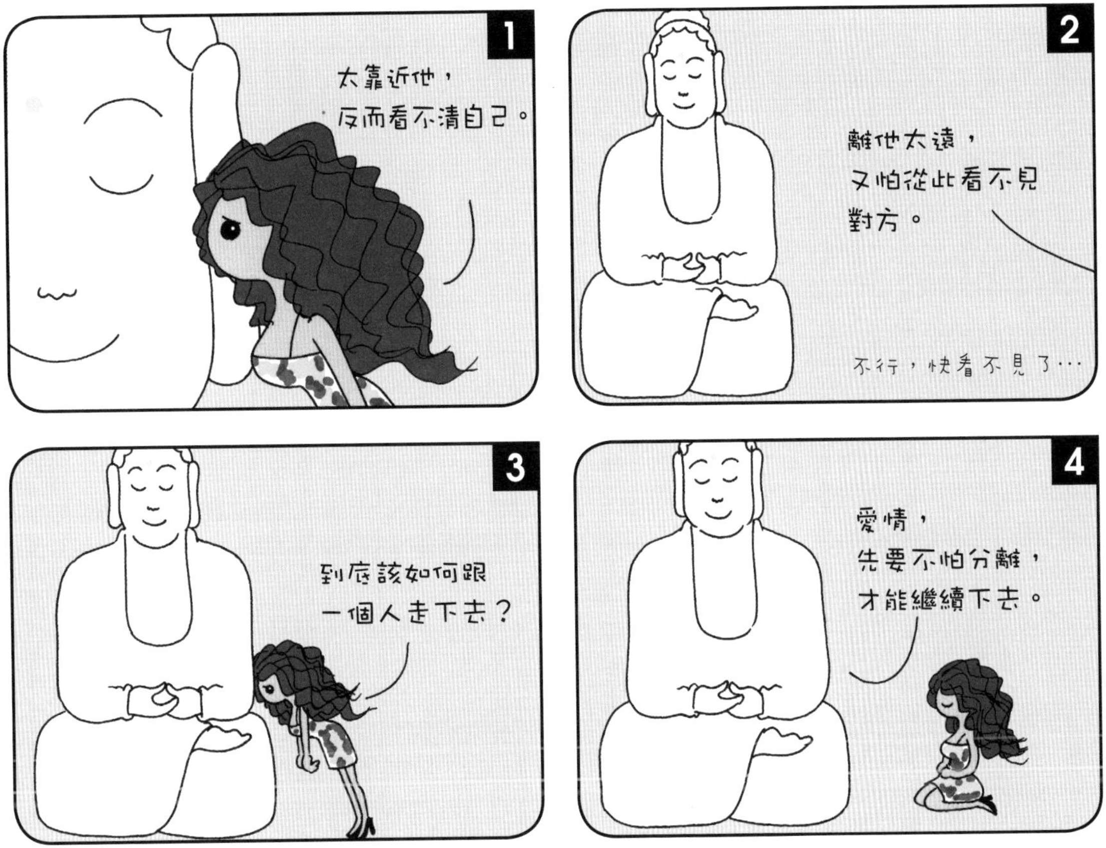
1
太靠近他，
反而看不清自己。
2
離他太遠，
又怕從此看不見
對方。
不行，快看不見了…
3
到底該如何跟
一個人走下去？
4
愛情，
先要不怕分離，
才能繼續下去。

022.

愛情不會因擔心而變得順利，不擔心才會有順利的愛情。

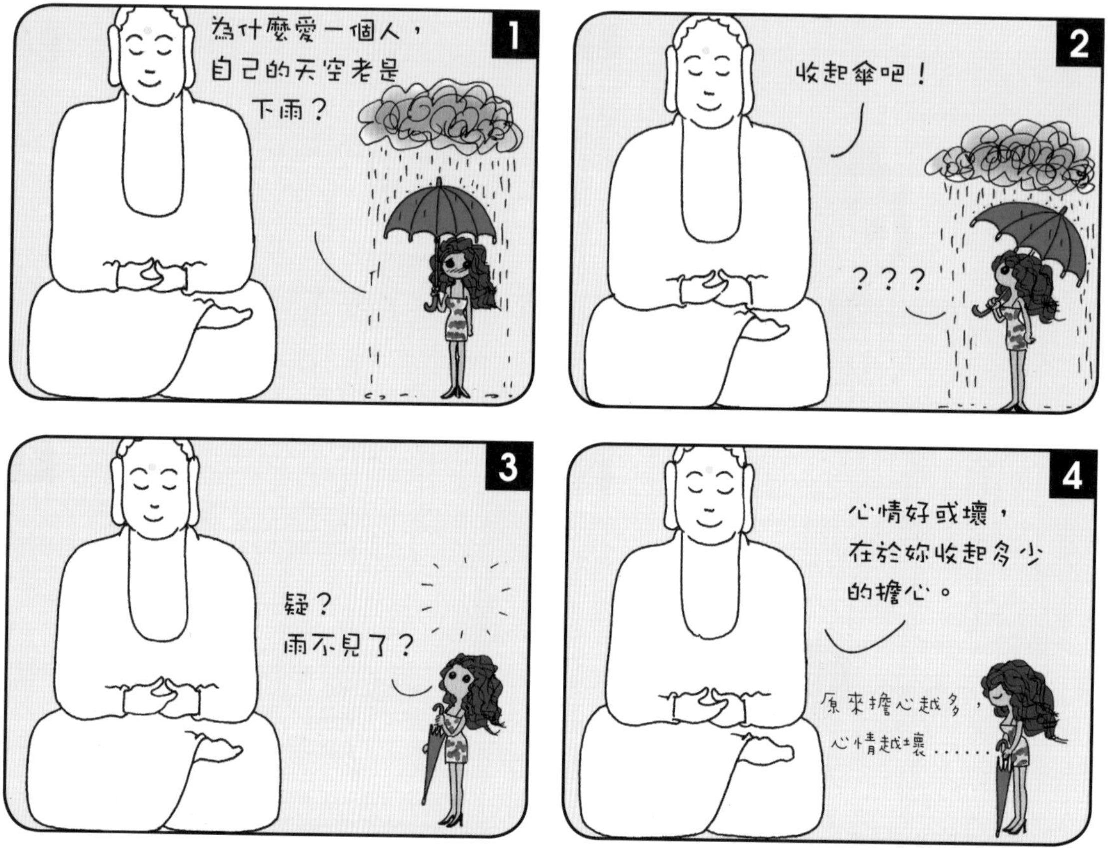
1
為什麼愛一個人，
自己的天空老是
下雨？
2
收起傘吧！
？？？
3
疑？
雨不見了？
4
心情好或壞，
在於妳收起多少
的擔心。
原來擔心越多，
心情越壞……

023.

過度想像往往比真相更傷人。

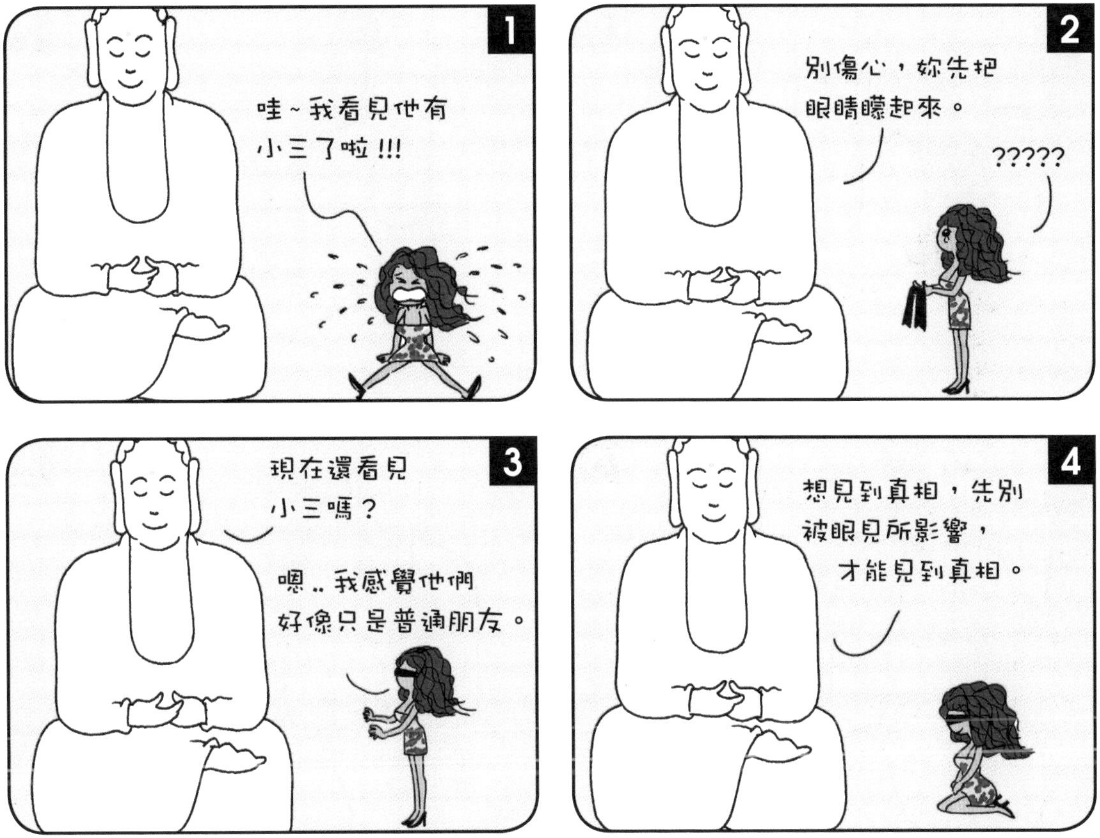
1
哇~我看見他有小三了啦!!!
2
別傷心，妳先把眼睛矇起來。
?????
3
現在還看見小三嗎？
嗯..我感覺他們好像只是普通朋友。
4
想見到真相，先別被眼見所影響，才能見到真相。

024.

眼裡只有自己，別人心中也不會有你。

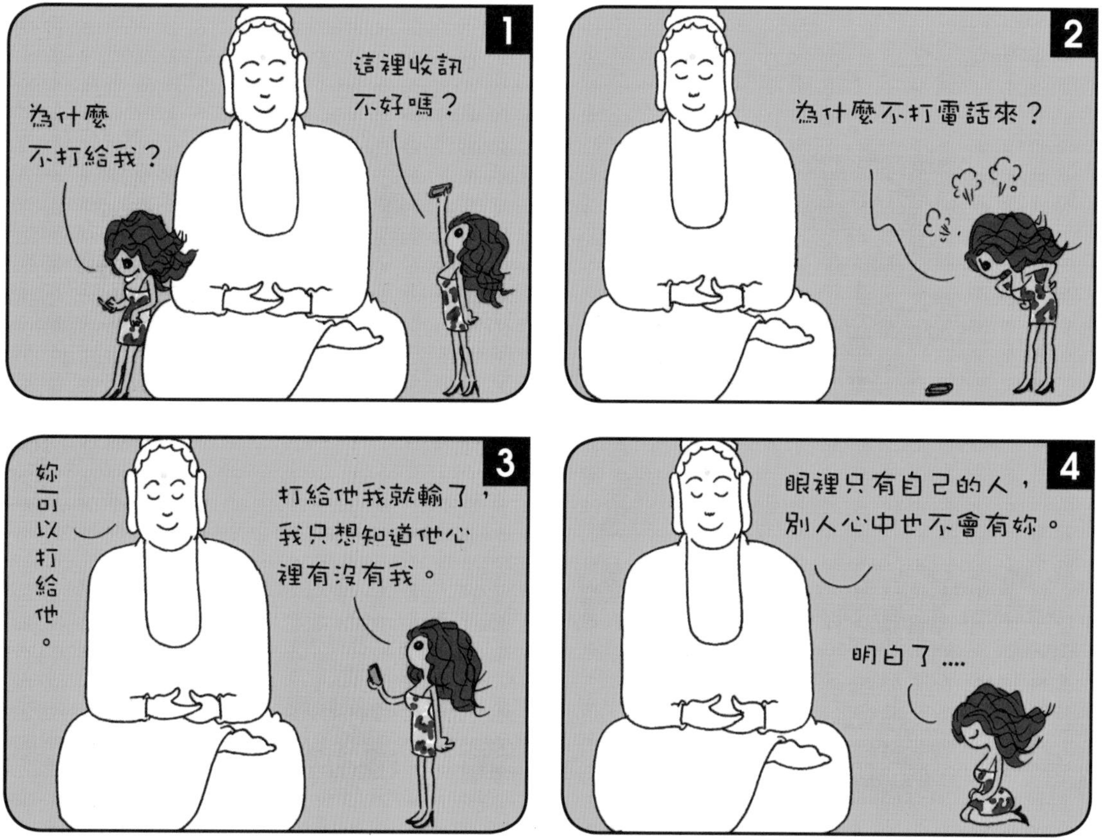
為什麼
不打給我？
這裡收訊
不好嗎？
為什麼不打電話來？
打給他我就輸了，
我只想知道他心
裡有沒有我。
妳可以打給他。
眼裡只有自己的人，
別人心中也不會有妳。
明白了....

025.

接受真真假假，心，才會快快樂樂。

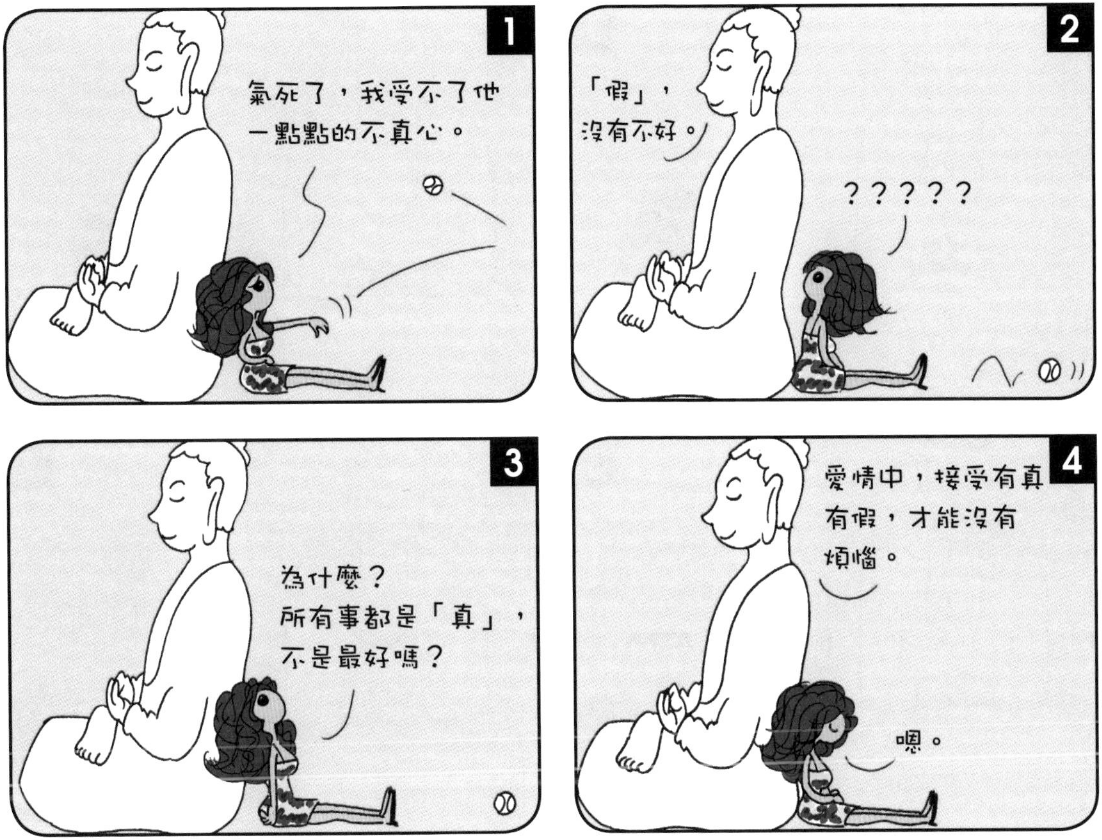

1
氣死了，我受不了他一點點的不真心。
2
「假」，沒有不好。
？？？？？
3
為什麼？所有事都是「真」，不是最好嗎？
4
愛情中，接受有真有假，才能沒有煩惱。
嗯。

026.

凡事都是相對，有喜就有悲。
了解，會比較不驚訝，接受，就不會太難過。

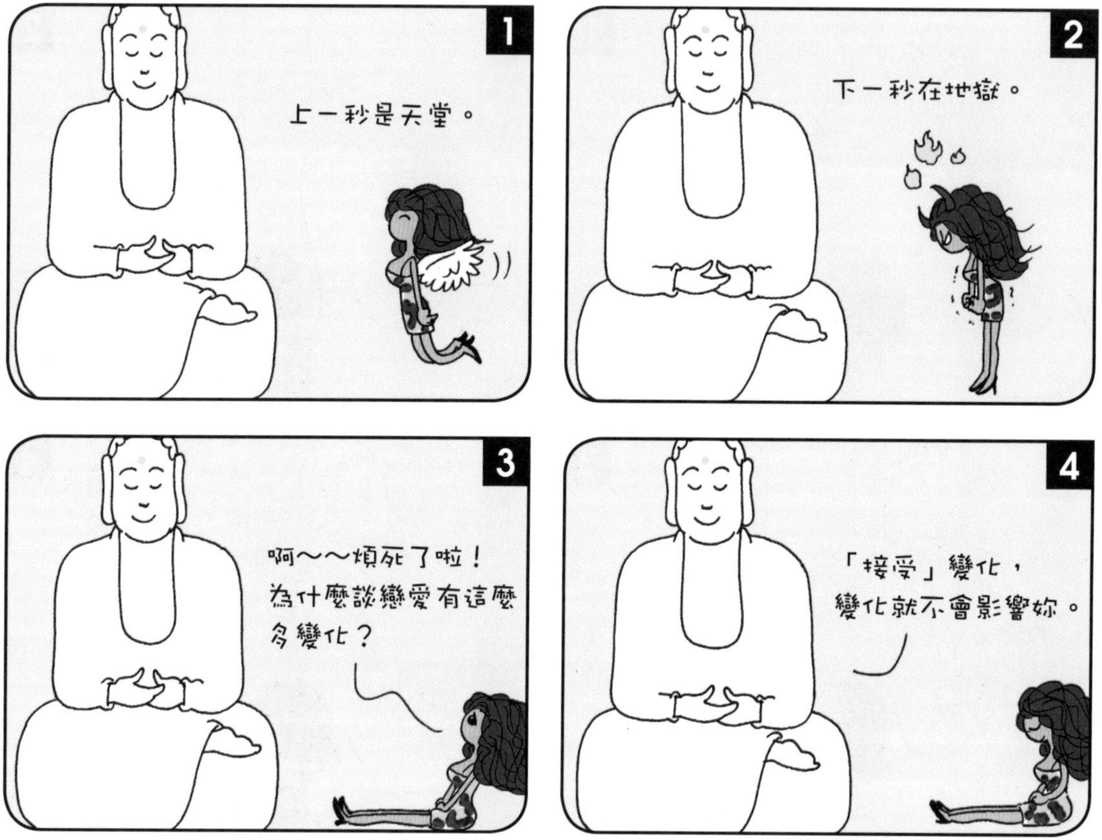
1
上一秒是天堂。
2
下一秒在地獄。
3
啊～～煩死了啦！
為什麼談戀愛有這麼多變化？
4
「接受」變化，
變化就不會影響妳。

027.

相信愛，就能找到愛。

1
找不到。
我找不到他愛我的證據，怎麼辦？
2
愛情證據，因人而異。
3
那，到底要如何找呢？
妳相信什麼，就會找到什麼。
4
相信愛，就找得到愛，不相信，愛在眼前，也看不見。

028.

沒有人會因為你的痛苦而更愛你。

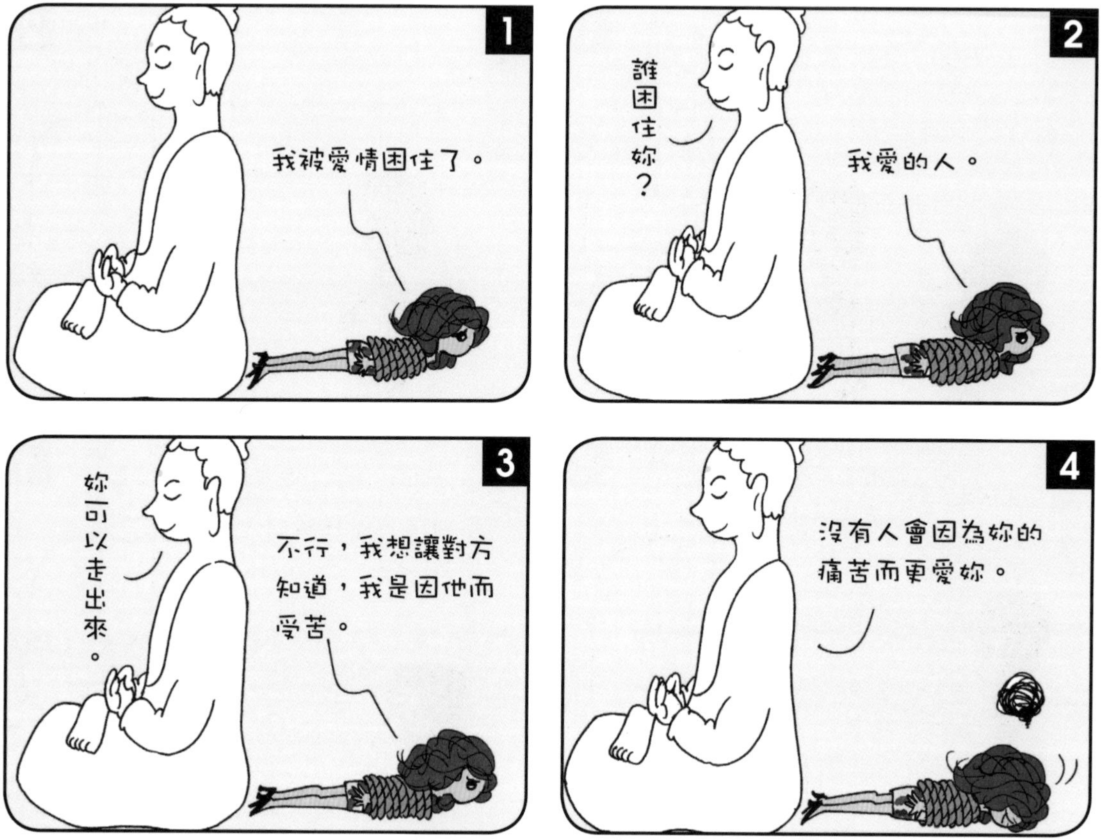
1
我被愛情困住了。
2
誰困住妳？
我愛的人。
3
妳可以走出來。
不行，我想讓對方知道，我是因他而受苦。
4
沒有人會因為妳的痛苦而更愛妳。

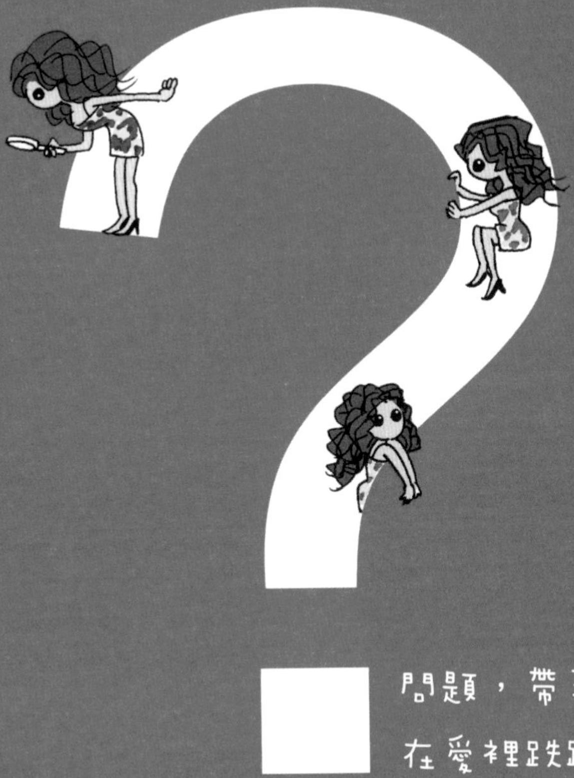

問題，帶著我們找到答案，
在愛裡跌跌撞撞，在錯誤之中成長。

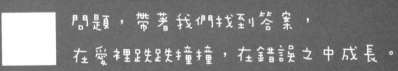

029.

只有討好的愛情，愛情永遠不會好。

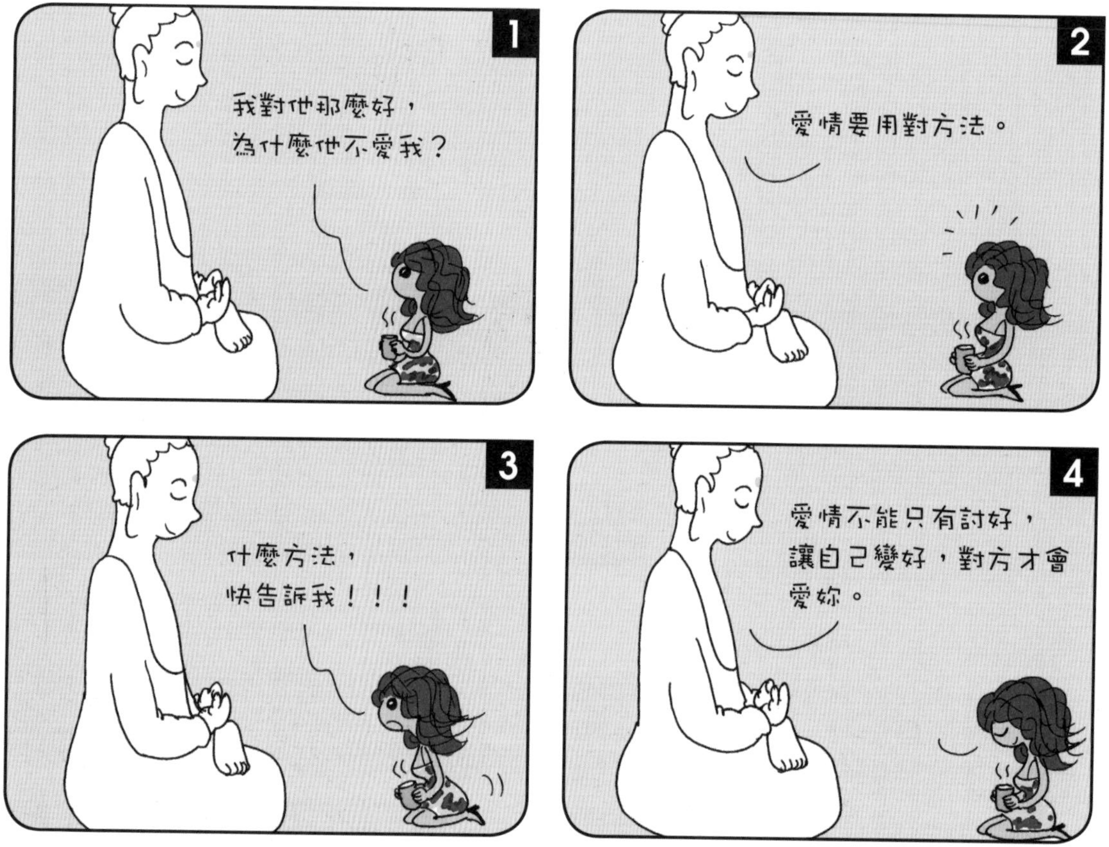
1
我對他那麼好，
為什麼他不愛我？
2
愛情要用對方法。
3
什麼方法，
快告訴我！！！
4
愛情不能只有討好，
讓自己變好，對方才會
愛妳。

030.

謊言，流失了信任，也流失善意。

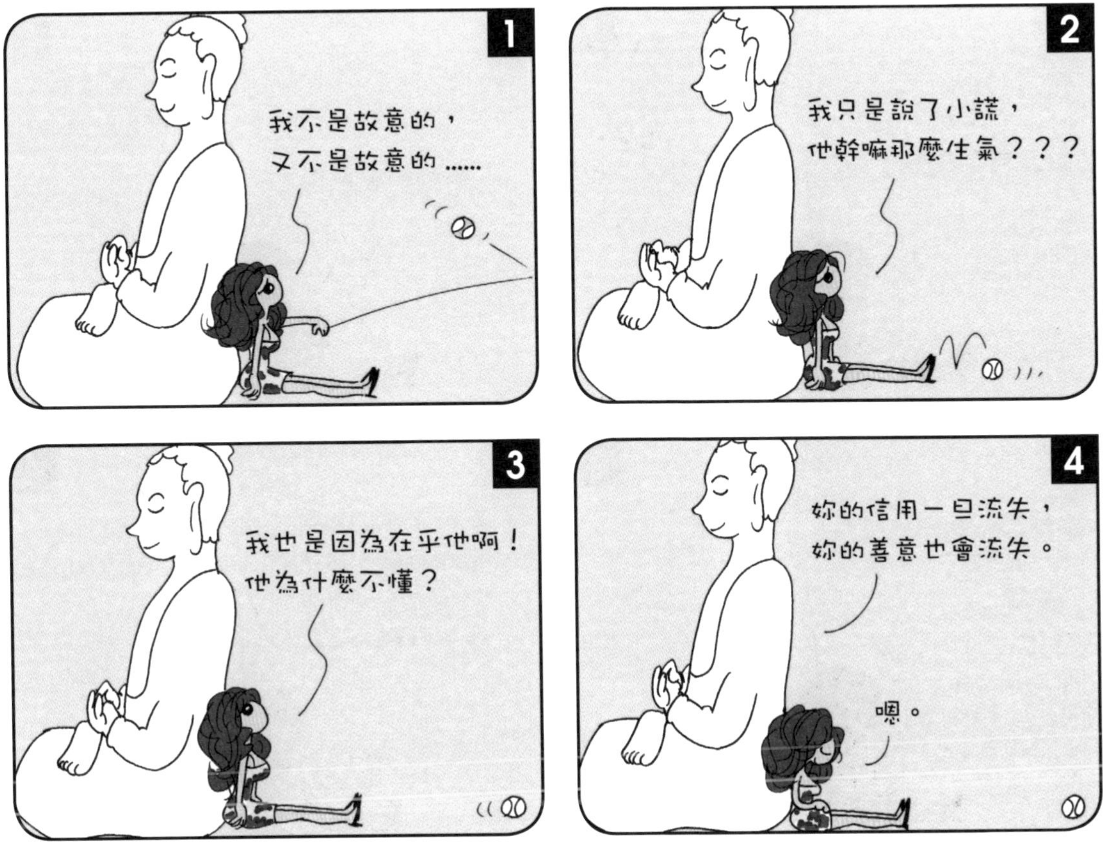
1
我不是故意的，
又不是故意的……
2
我只是說了小謊，
他幹嘛那麼生氣？？？
3
我也是因為在乎他啊！
他為什麼不懂？
4
妳的信用一旦流失，
妳的善意也會流失。
嗯。

031.

害怕，不能改變結果，不怕，反而能改變對結果的看法。

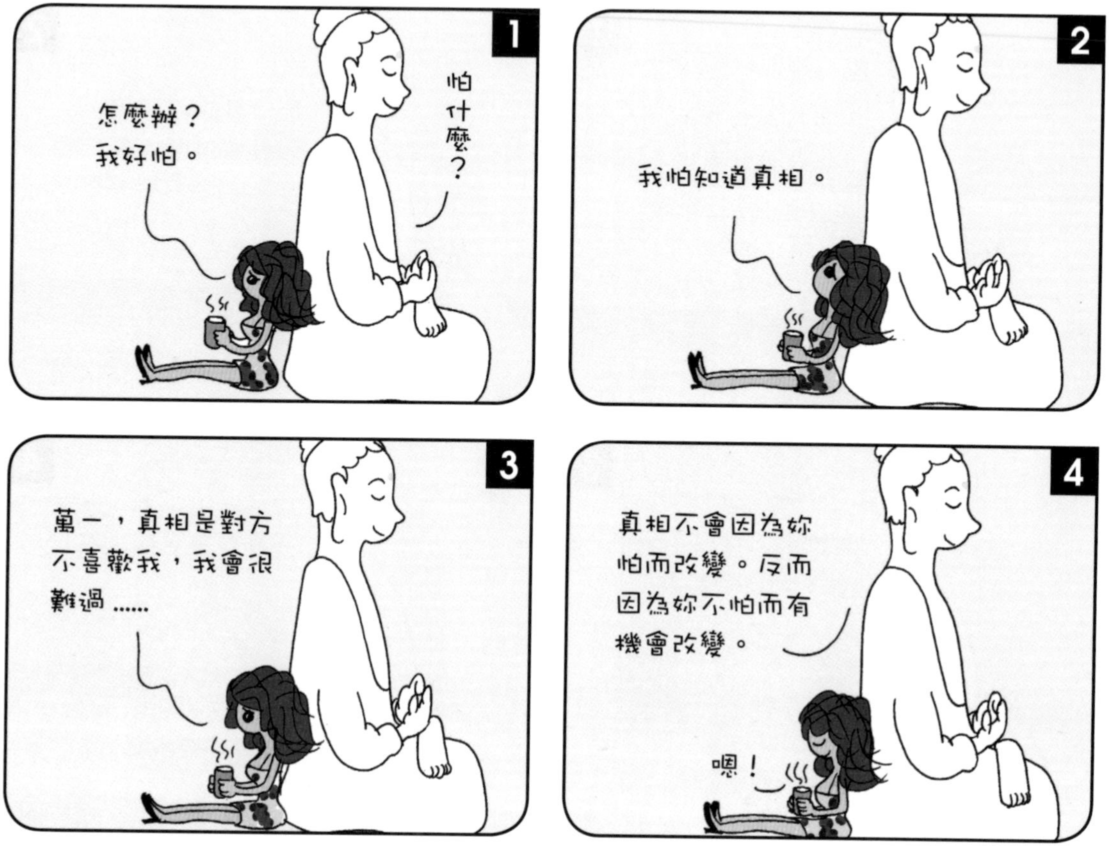
1
怎麼辦？我好怕。
怕什麼？
2
我怕知道真相。
3
萬一，真相是對方不喜歡我，我會很難過……
4
真相不會因為妳怕而改變。反而因為妳不怕而有機會改變。
嗯！

032.

真相不在言語中，而是藏在行為裡。

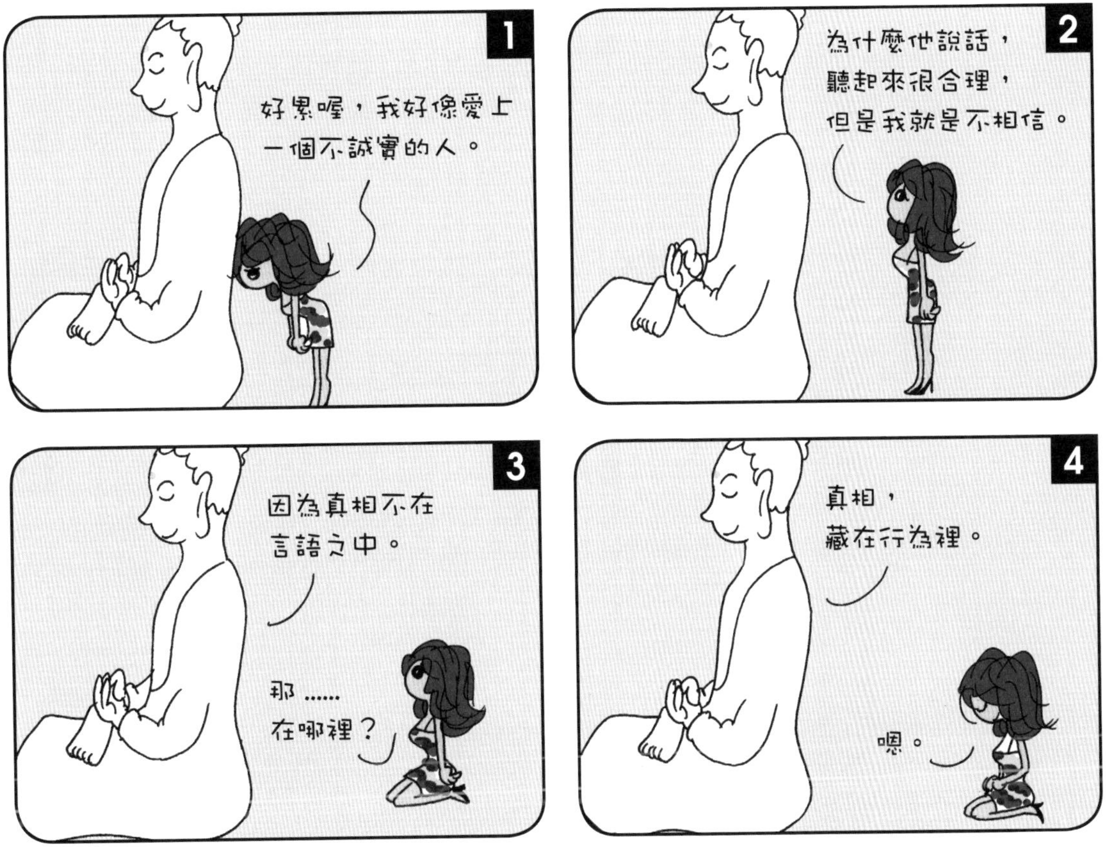
1
好累喔，我好像愛上
一個不誠實的人。
2
為什麼他說話，
聽起來很合理，
但是我就是不相信。
3
因為真相不在
言語之中。
那……
在哪裡？
4
真相，
藏在行為裡。
嗯。

033.

心越自在，愛情越能存在。

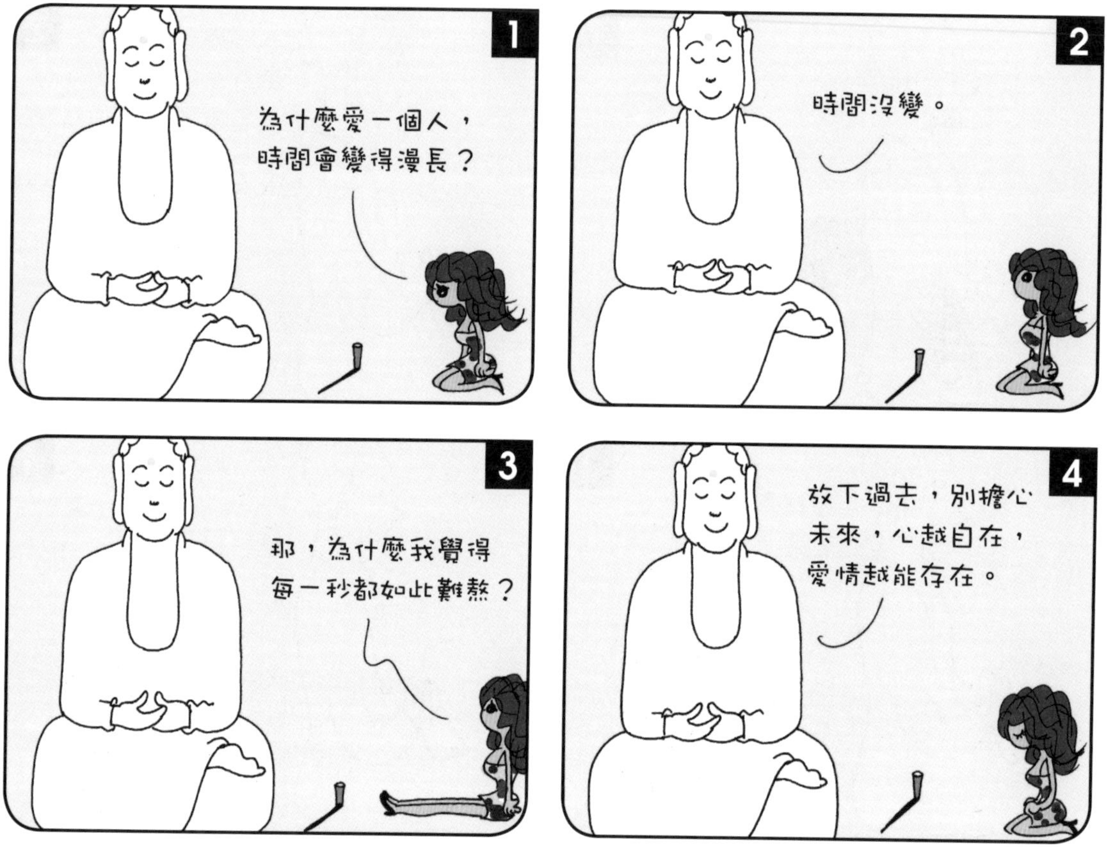
1
為什麼愛一個人，
時間會變得漫長？
2
時間沒變。
3
那，為什麼我覺得
每一秒都如此難熬？
4
放下過去，別擔心
未來，心越自在，
愛情越能存在。

034.

好的愛情，從專一開始。好的心情，從專注開始。

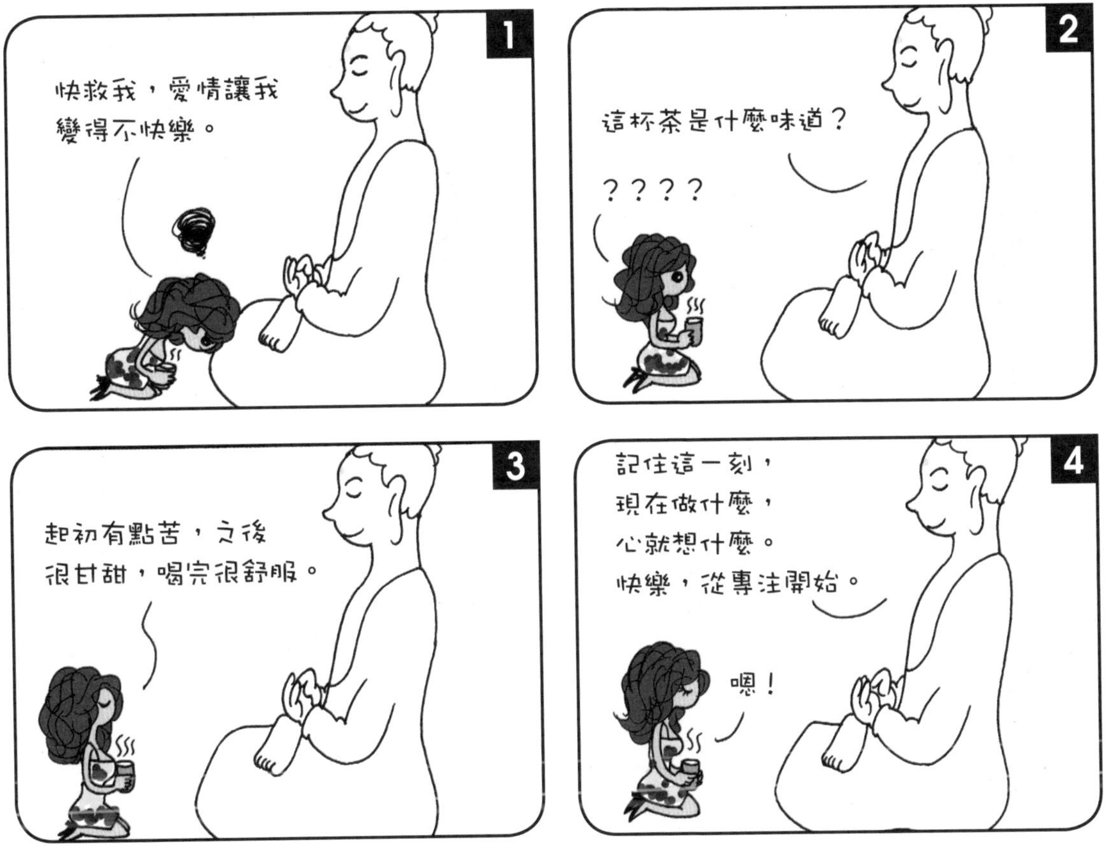
1
快救我，愛情讓我
變得不快樂。
2
這杯茶是什麼味道？
????
3
起初有點苦，之後
很甘甜，喝完很舒服。
4
記住這一刻，
現在做什麼，
心就想什麼。
快樂，從專注開始。
嗯！

035.

單純的付出，就能單純的快樂。

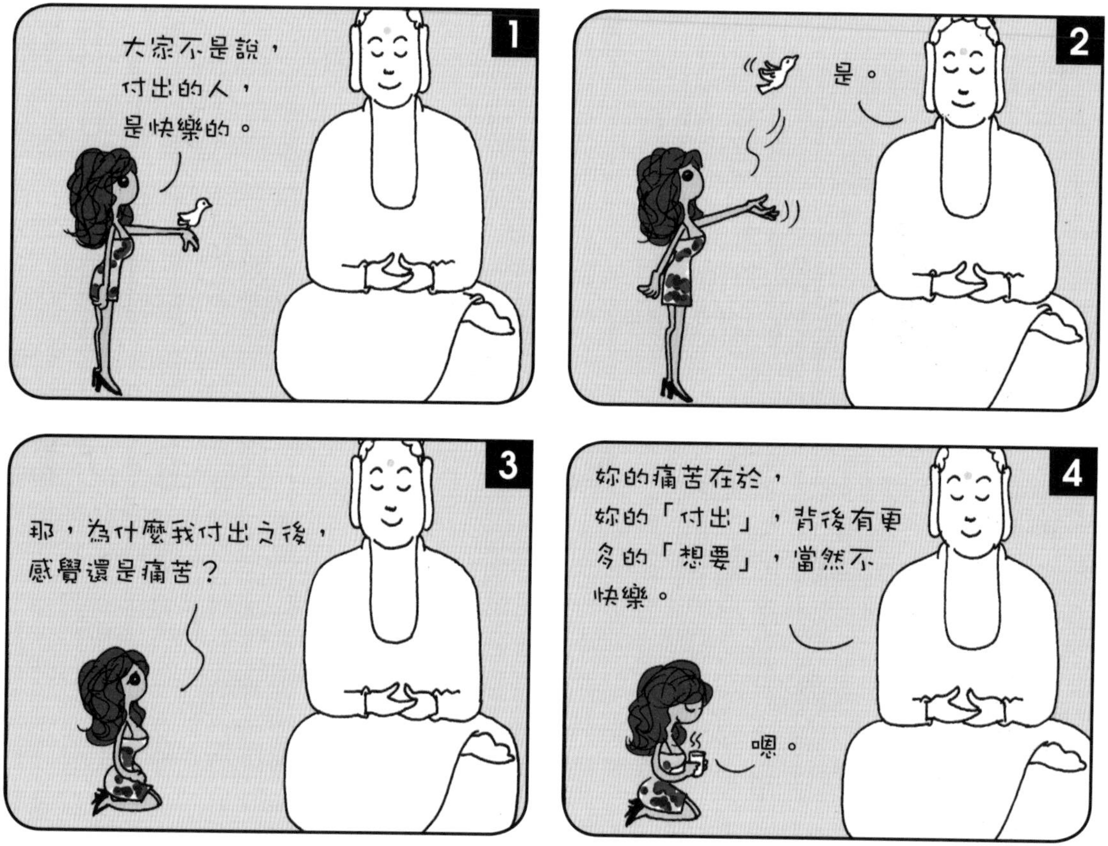
1
大家不是說，
付出的人，
是快樂的。
2
是。
3
那，為什麼我付出之後，
感覺還是痛苦？
4
妳的痛苦在於，
妳的「付出」，背後有更
多的「想要」，當然不
快樂。
嗯。

036.

心越簡單，人的距離越短。

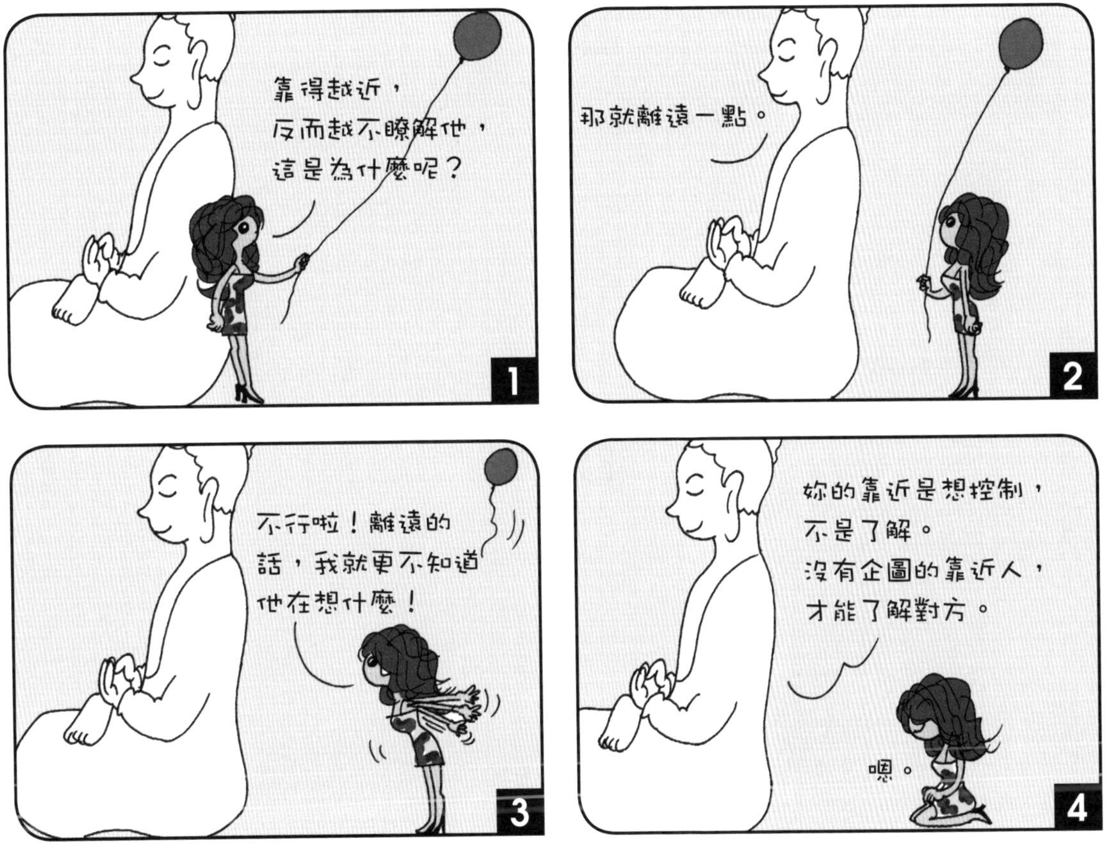

037.

「條件」無法給你愛，人心才可以。

1
他對我很好，但是，
我看不見他的未來，
怎麼辦？
妳要什麼樣的未來？
2
最少，他有高收入、
自己的房子，
學歷也要好。
3
妳愛的是「條件」，
不是一個人。
這有什麼不同？
4
「條件」無法給妳愛，
人心才可以。
嗯。

038.

依賴另一個人給你快樂，永遠不會快樂。

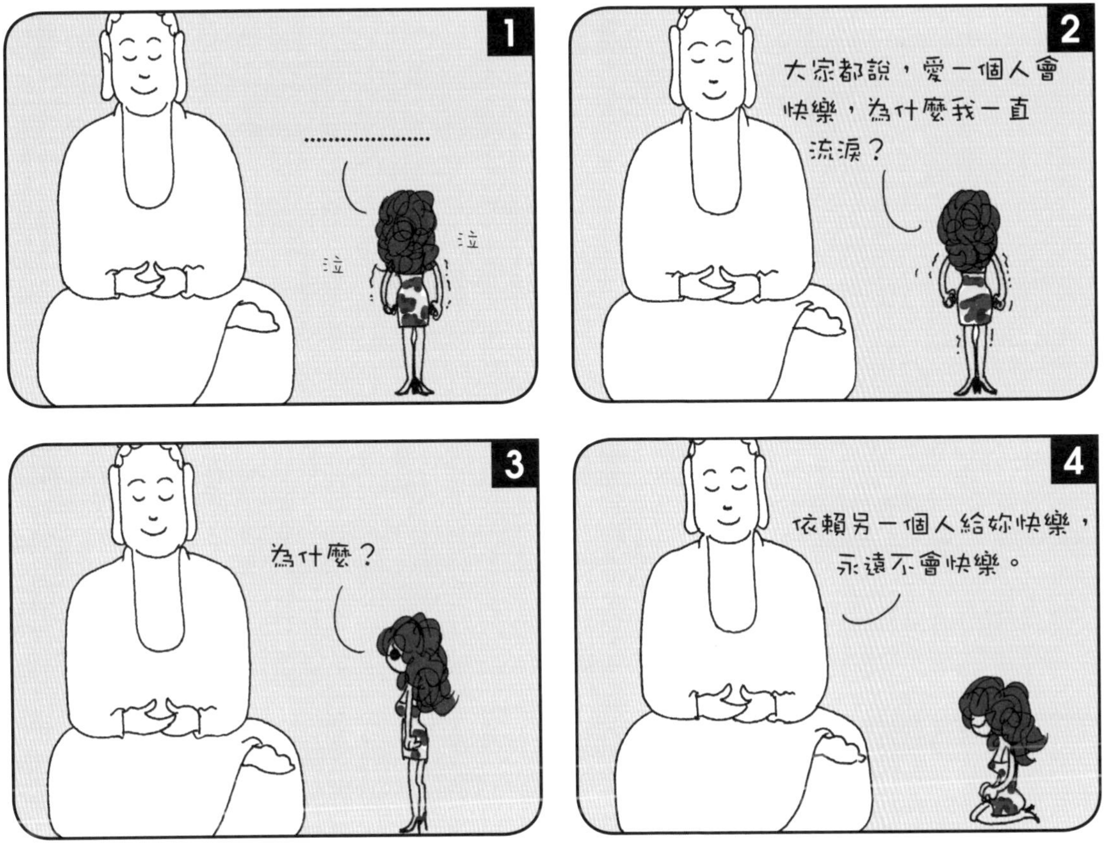
……………
泣
泣
大家都說，愛一個人會快樂，為什麼我一直流淚？
為什麼？
依賴另一個人給妳快樂，永遠不會快樂。

039.

愛情的信心別人無法給，只能自己找。

1
你愛我嗎？愛我嗎？愛我嗎？
2
為什麼你都不說清楚？
3
他如果愛我，為什麼不能給個答案呢？？
4
妳要的不是答案，而是信心。愛情的信心別人無法給，只能自己找。

一段愛情，讓人喜歡一首情歌，失去愛情，讓人害怕很多情歌。

040.

想讓人痛苦的人，永遠痛苦。

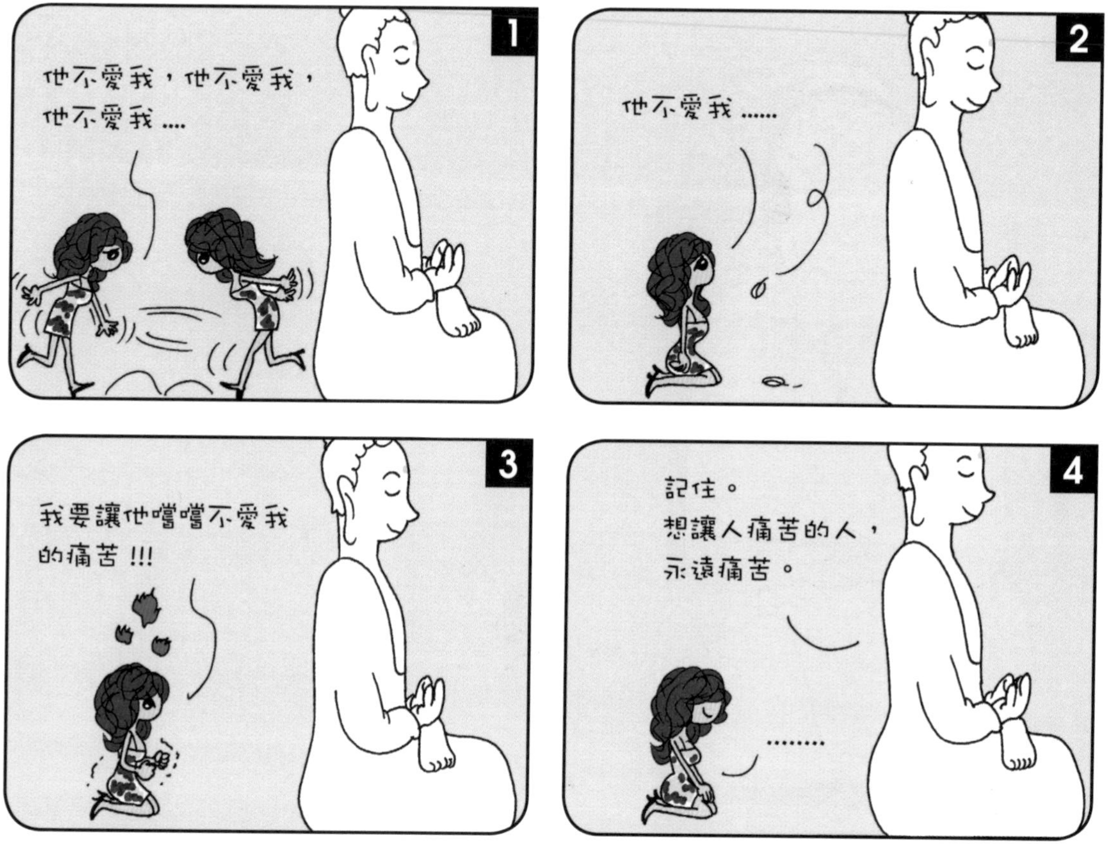

041.

越自私，越不能得到愛。

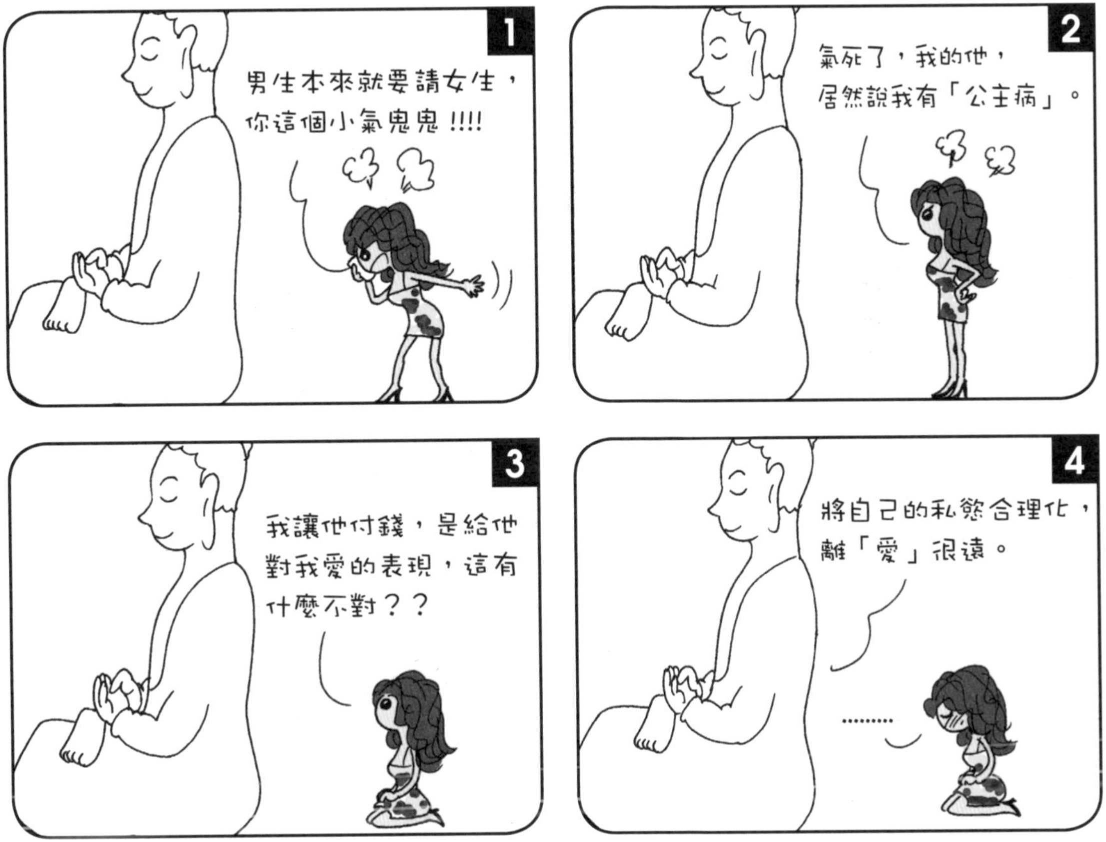
1
男生本來就要請女生，
你這個小氣鬼鬼!!!!
2
氣死了，我的他，
居然說我有「公主病」。
3
我讓他付錢，是給他
對我愛的表現，這有
什麼不對？？
4
將自己的私慾合理化，
離「愛」很遠。
....

042.

愛情，問答兩字而已，問出對方苦，答對他的心。

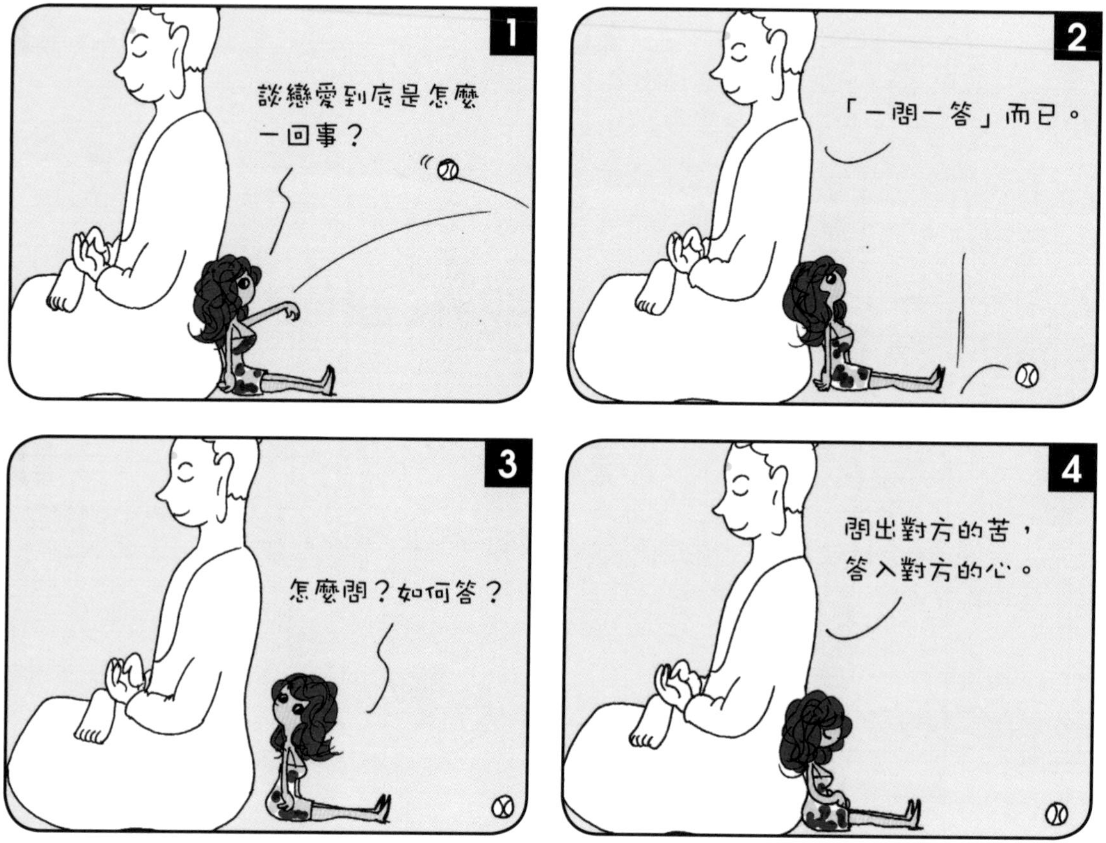
談戀愛到底是怎麼一回事？
「一問一答」而已。
怎麼問？如何答？
問出對方的苦，
答入對方的心。

043.

了解是相對的。越了解對方，對方也會了解你。

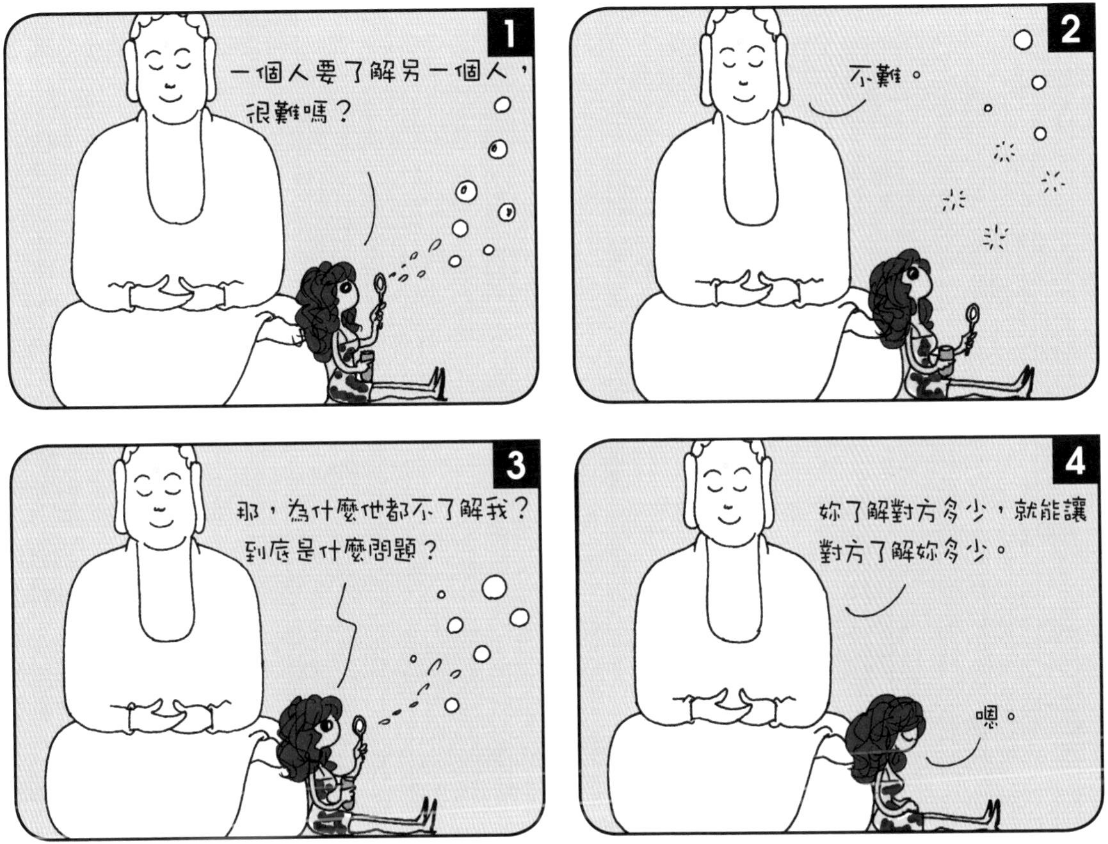
一個人要了解另一個人，很難嗎？
不難。
那，為什麼他都不了解我？到底是什麼問題？
妳了解對方多少，就能讓對方了解妳多少。
嗯。

044.

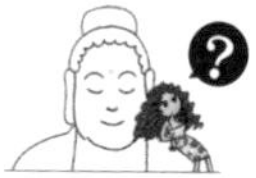

身心先放鬆，煩惱才會放下。

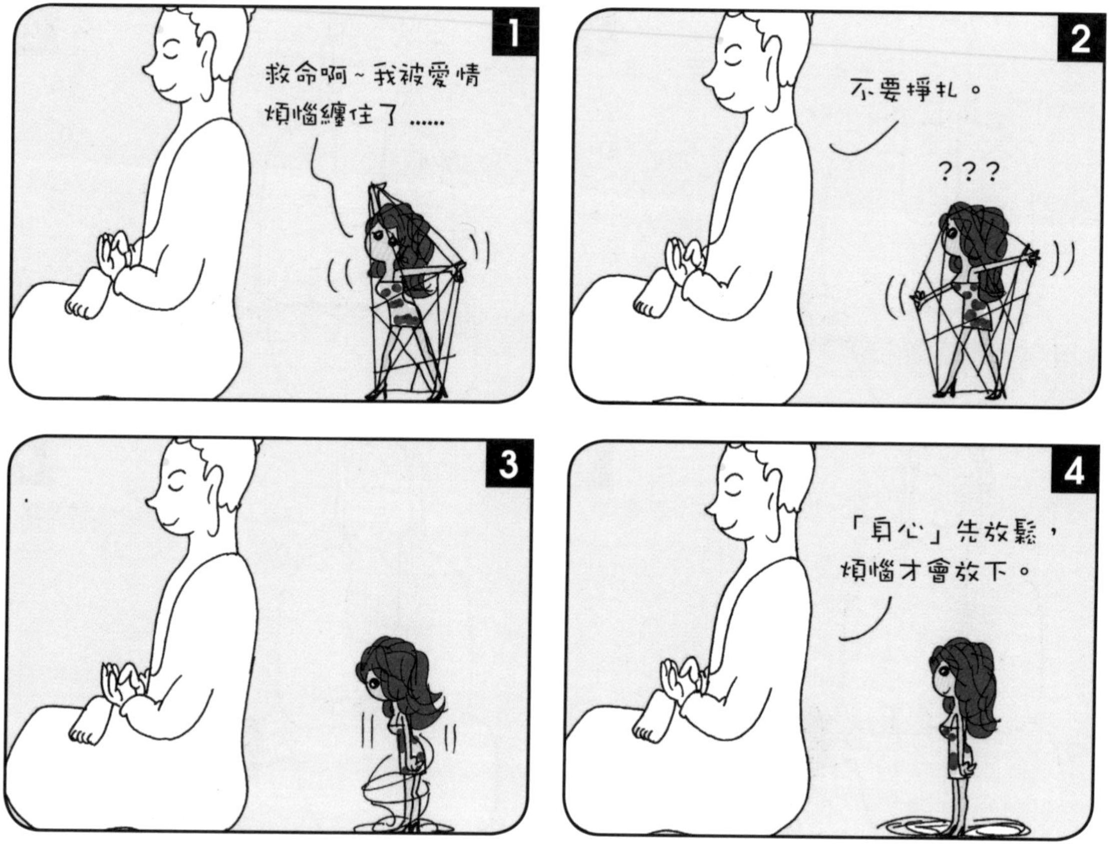
1
救命啊~我被愛情煩惱纏住了……
2
不要掙扎。
???
3
4
「身心」先放鬆，煩惱才會放下。

045.

愛，要有誠意，不愛，要有善意。

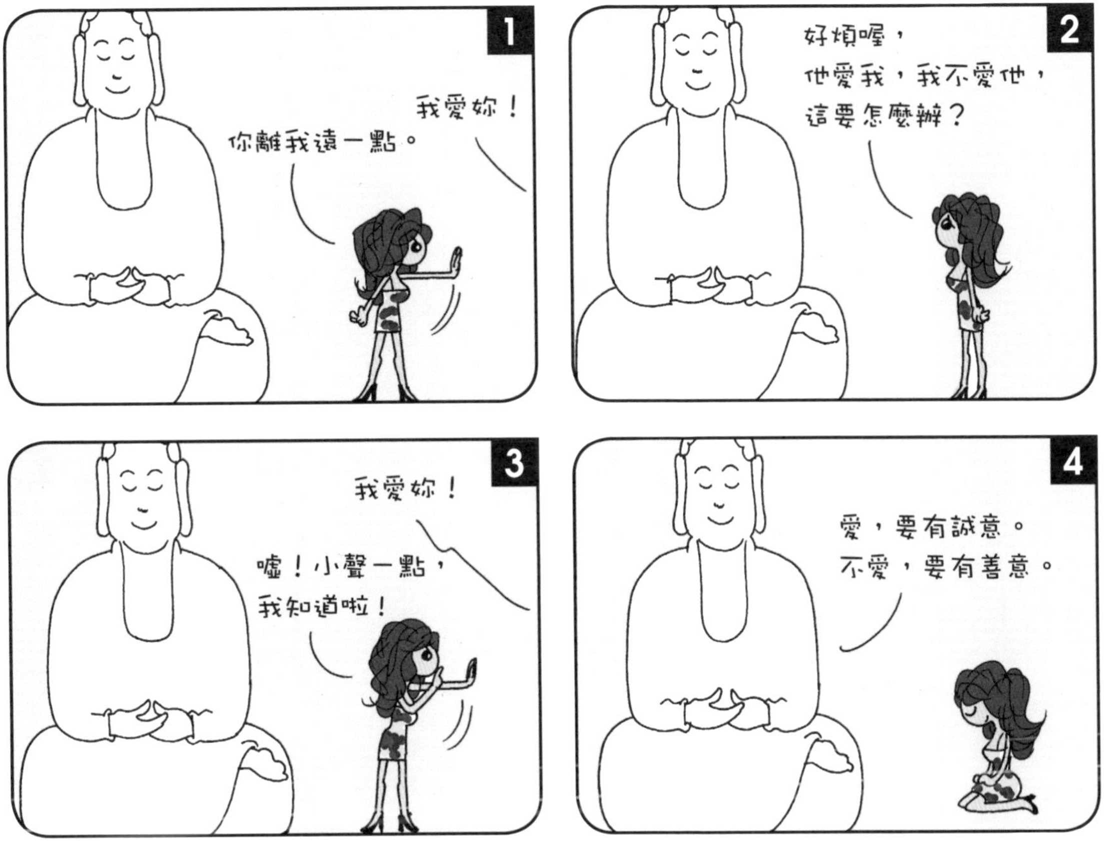
1
我愛妳！
你離我遠一點。
2
好煩喔，
他愛我，我不愛他，
這要怎麼辦？
3
我愛妳！
噓！小聲一點，
我知道啦！
4
愛，要有誠意。
不愛，要有善意。

046.

真心的好，沒有情緒，自以為是的好，只在乎自己的情緒。

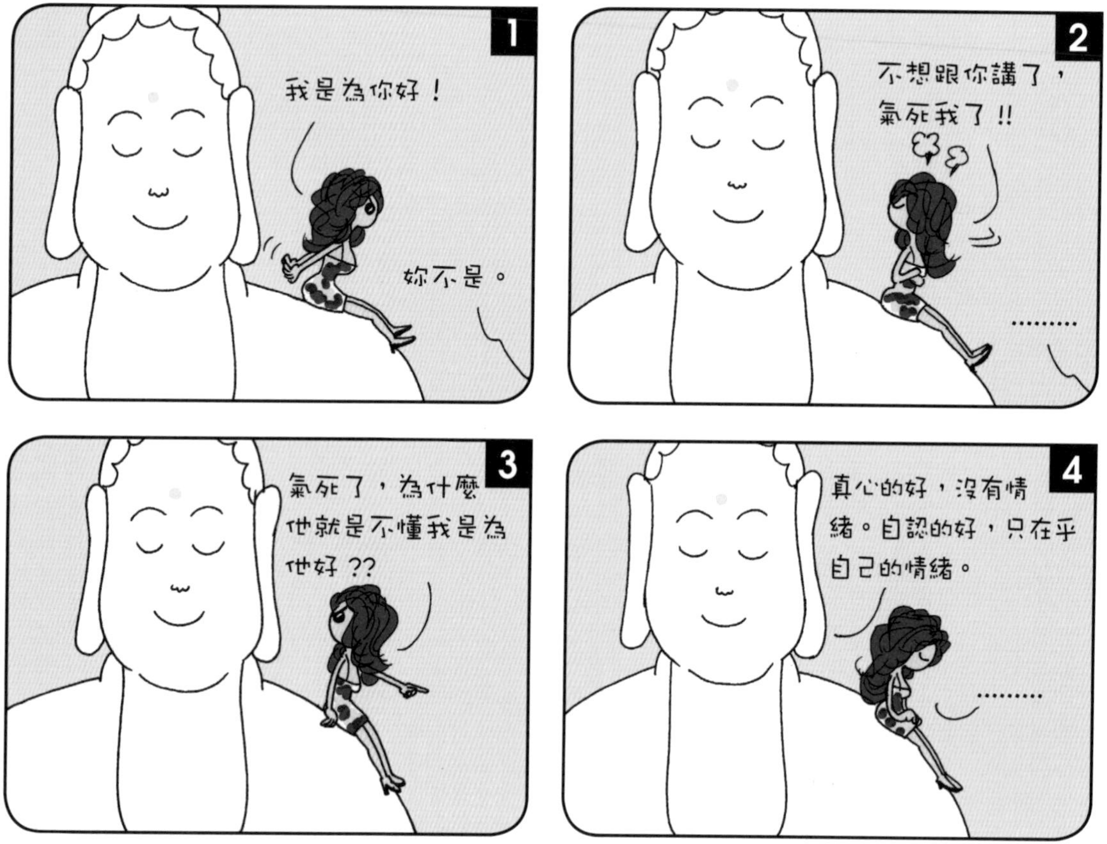

047.

認識一個人需要時間，接受一個人需要不計較從前。

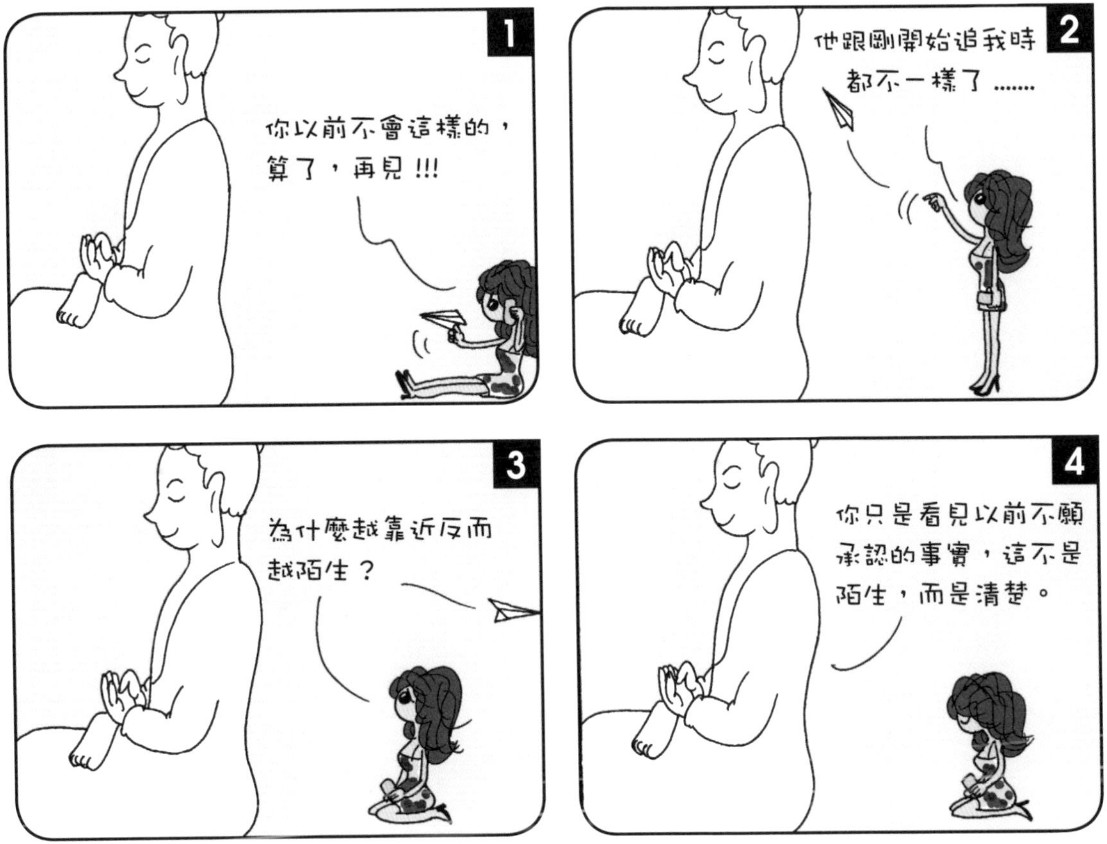
1
你以前不會這樣的，算了，再見!!!
2
他跟剛開始追我時都不一樣了……
3
為什麼越靠近反而越陌生？
4
你只是看見以前不願承認的事實，這不是陌生，而是清楚。

048.

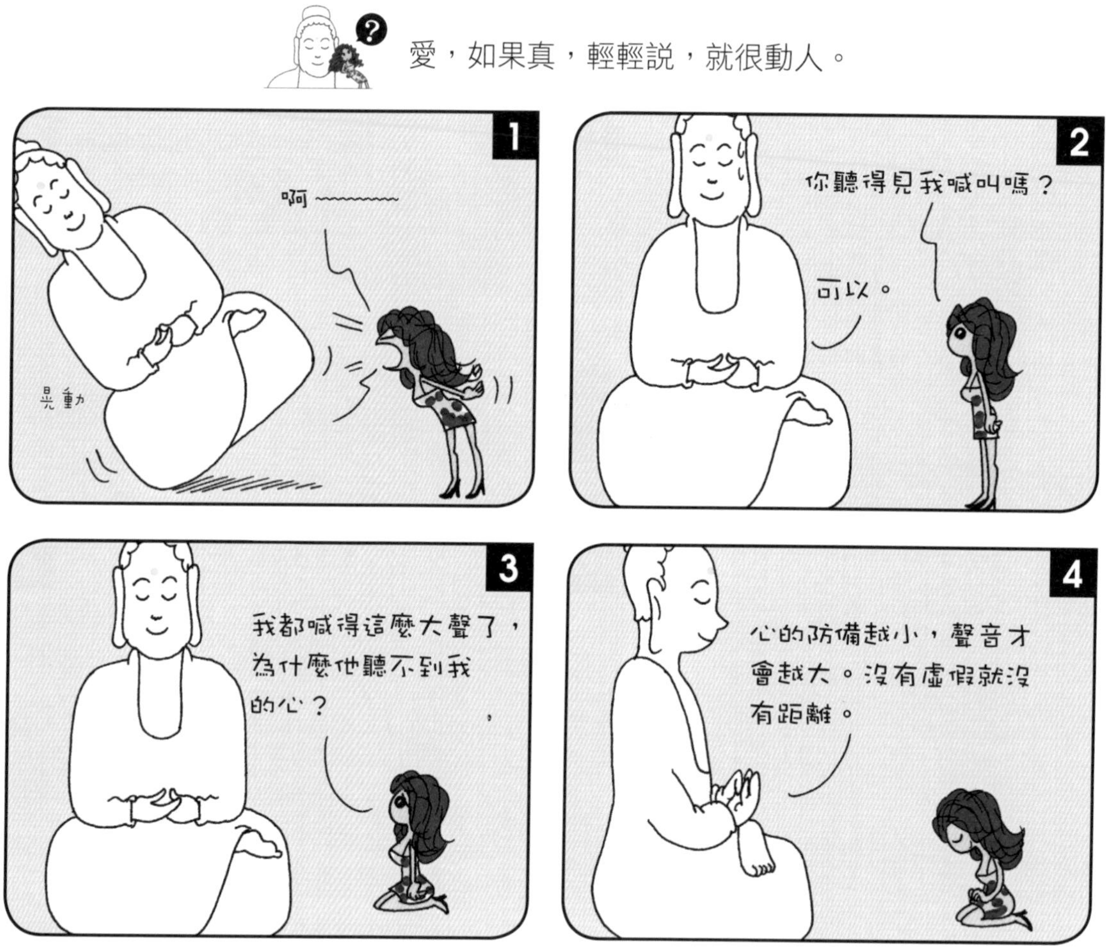
愛，如果真，輕輕說，就很動人。
啊～～～～～～～
晃動
你聽得見我喊叫嗎？
可以。
我都喊得這麼大聲了，
為什麼他聽不到我
的心？
心的防備越小，聲音才
會越大。沒有虛假就沒
有距離。

049.

找願意懂你感覺的人，別找老是要你將感覺說明白的人。

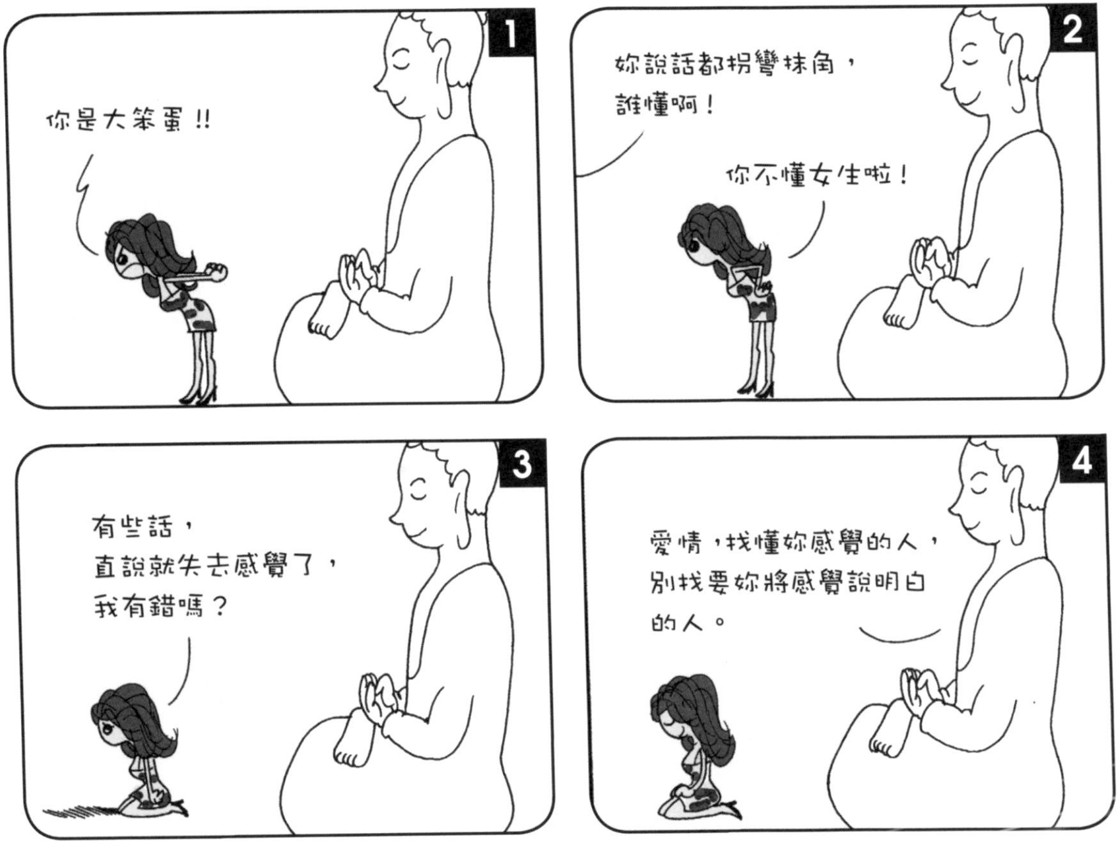
1
你是大笨蛋!!
2
妳說話都拐彎抹角，
誰懂啊！
你不懂女生啦！
3
有些話，
直說就失去感覺了，
我有錯嗎？
4
愛情，找懂妳感覺的人，
別找要妳將感覺說明白
的人。

050.

結果，從因果而來。

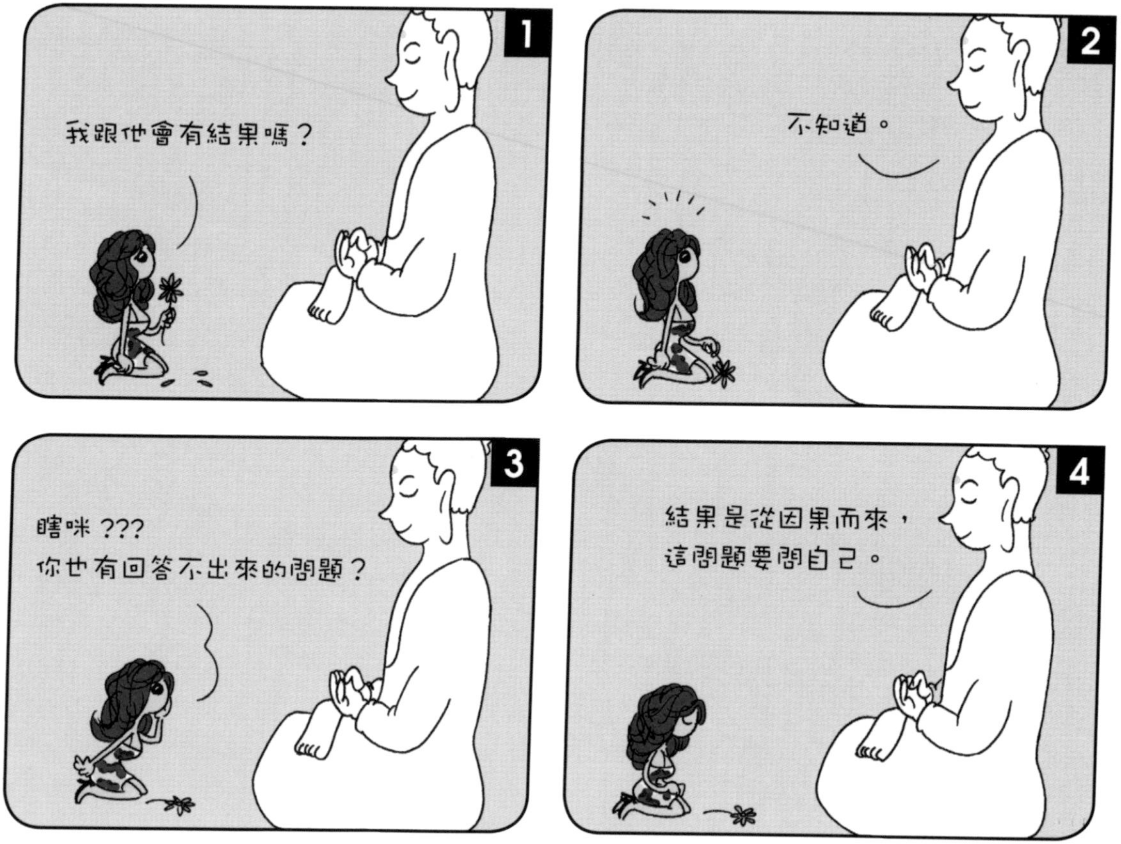
1
我跟他會有結果嗎？
2
不知道。
3
瞎咪???
你也有回答不出來的問題？
4
結果是從因果而來，
這問題要問自己。

好的眼光，或許能幫你找到好人。
好的智慧，才能找到對你好的人。

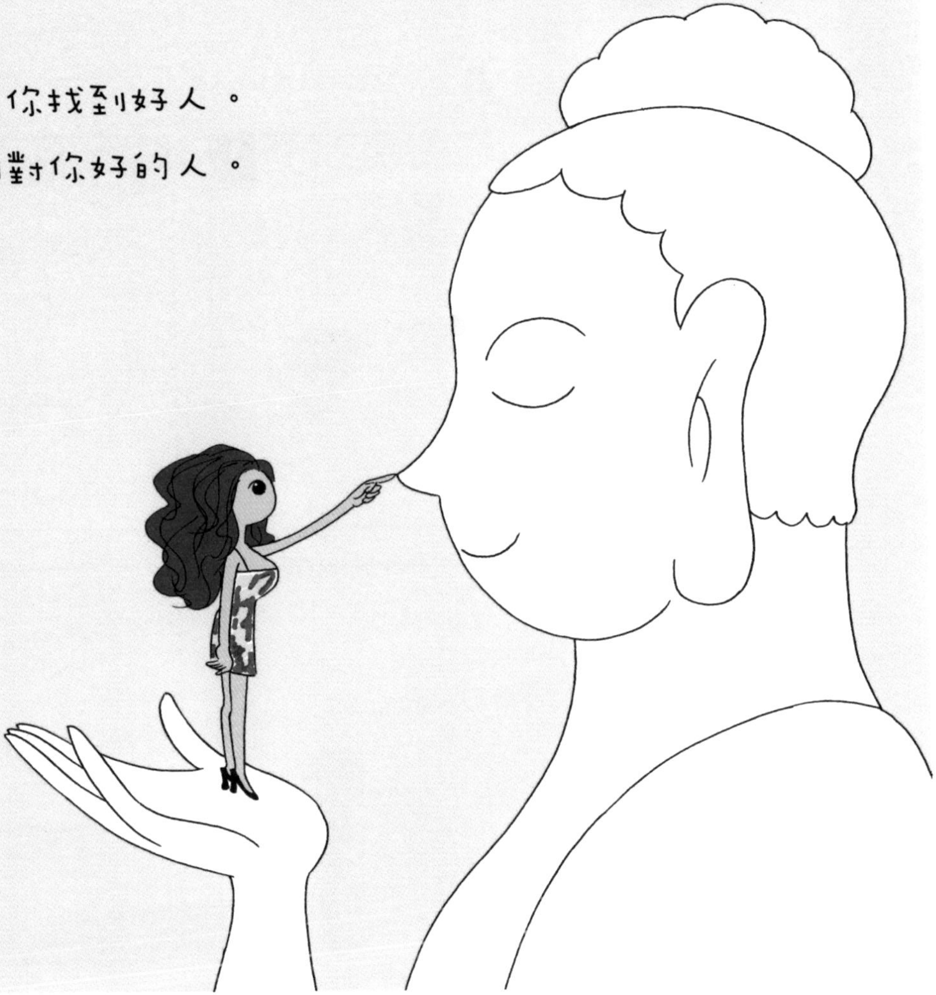

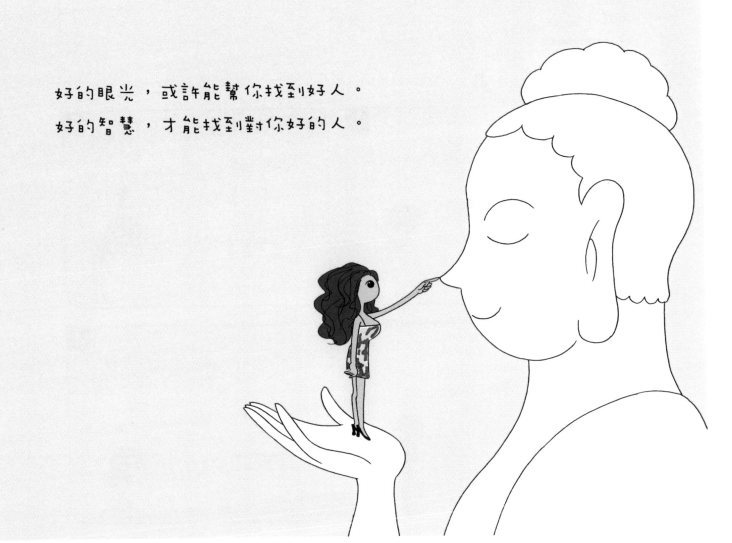

051.

道理，只是讓人安靜，安靜，才能看見道理。

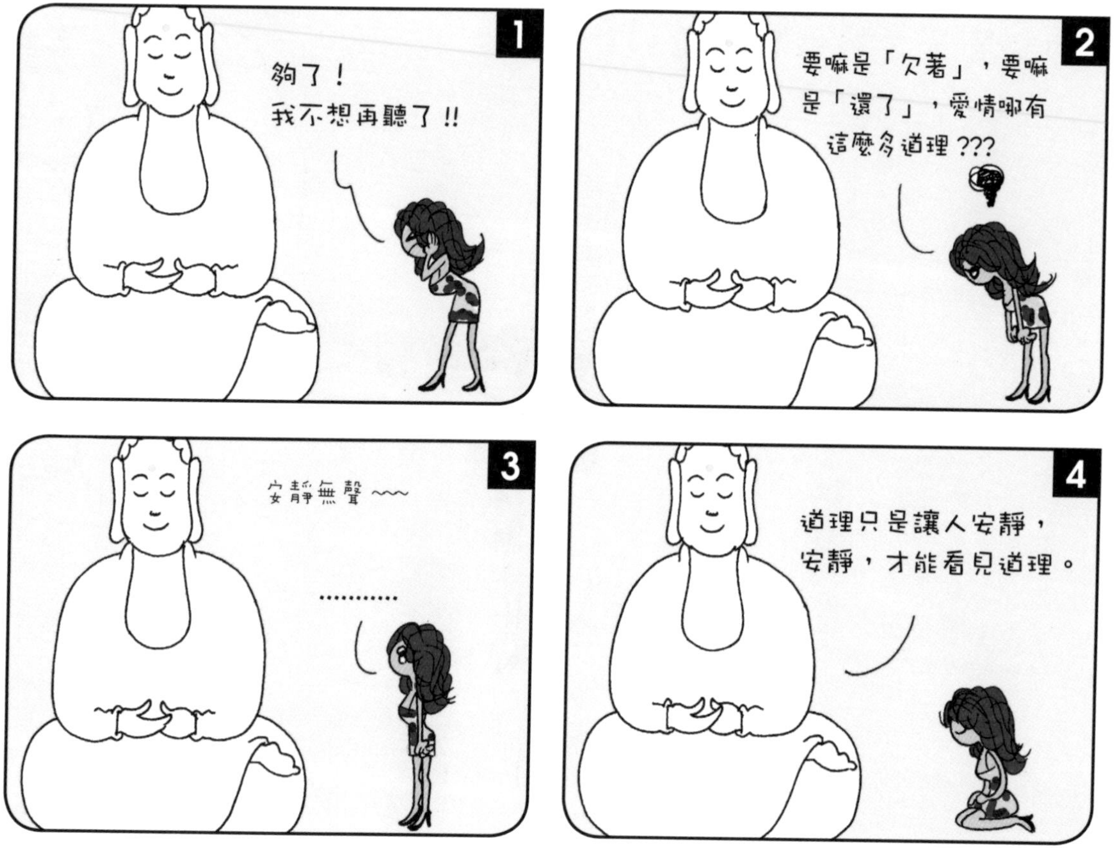
1
夠了！
我不想再聽了!!
2
要嘛是「欠著」，要嘛是「還了」，愛情哪有這麼多道理???
3
安靜無聲~~~
....
4
道理只是讓人安靜，
安靜，才能看見道理。

052.

可以跟「負面」和平相處，便是正面。

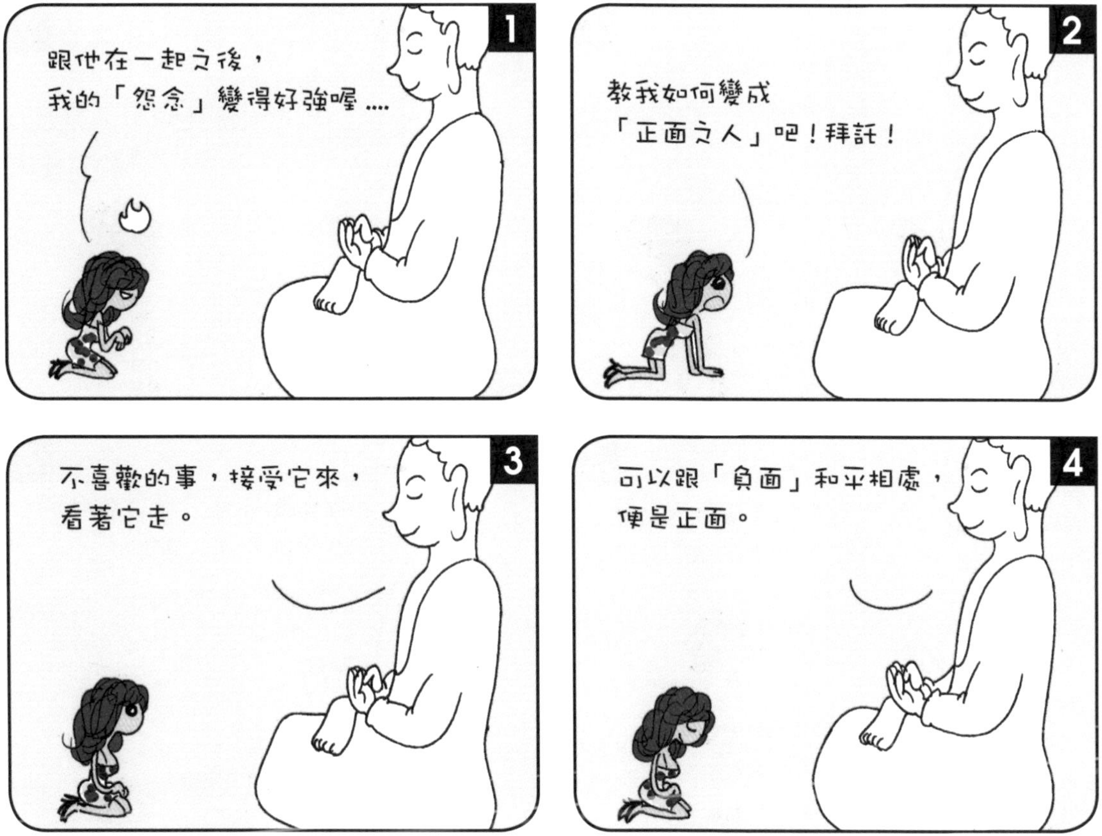
跟他在一起之後，
我的「怨念」變得好強喔....
教我如何變成
「正面之人」吧！拜託！
不喜歡的事，接受它來，
看著它走。
可以跟「負面」和平相處，
便是正面。

053.

為愛的變與不變，都難。

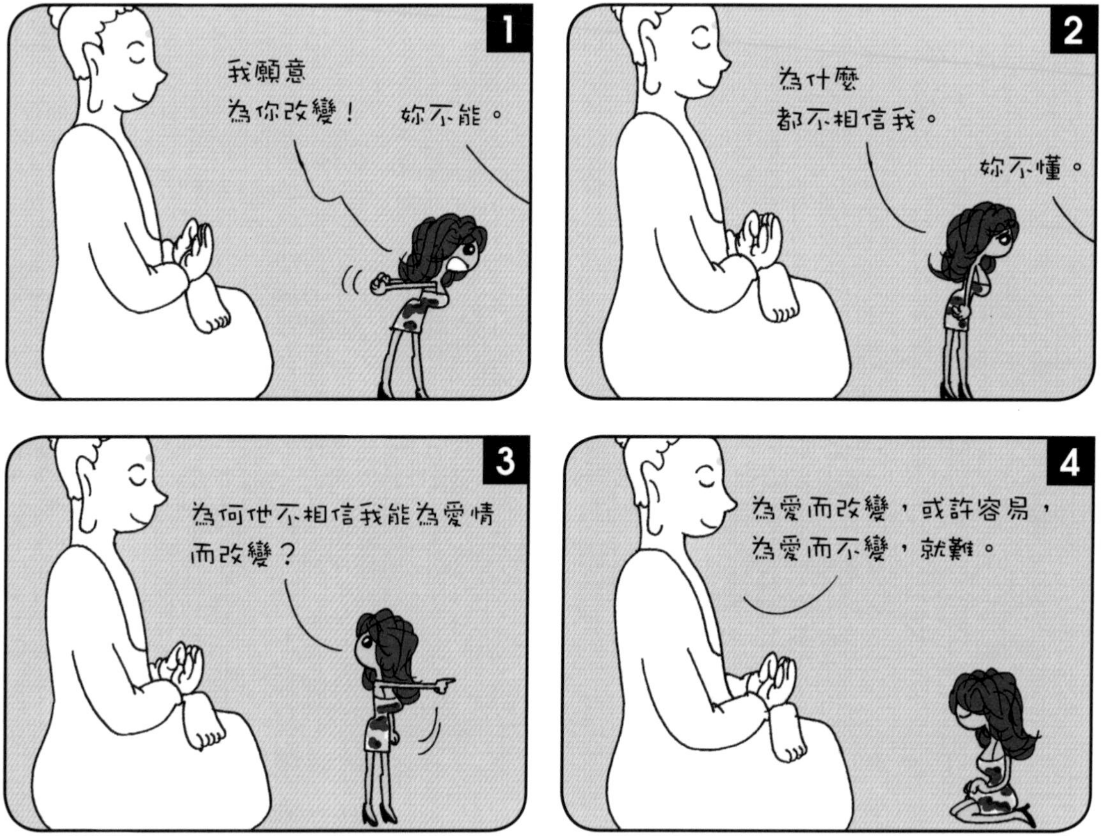
我願意
為你改變！
妳不能。
為什麼
都不相信我。
妳不懂。
為何他不相信我能為愛情
而改變？
為愛而改變，或許容易，
為愛而不變，就難。

054.

不放手就放心，不放心就放手。

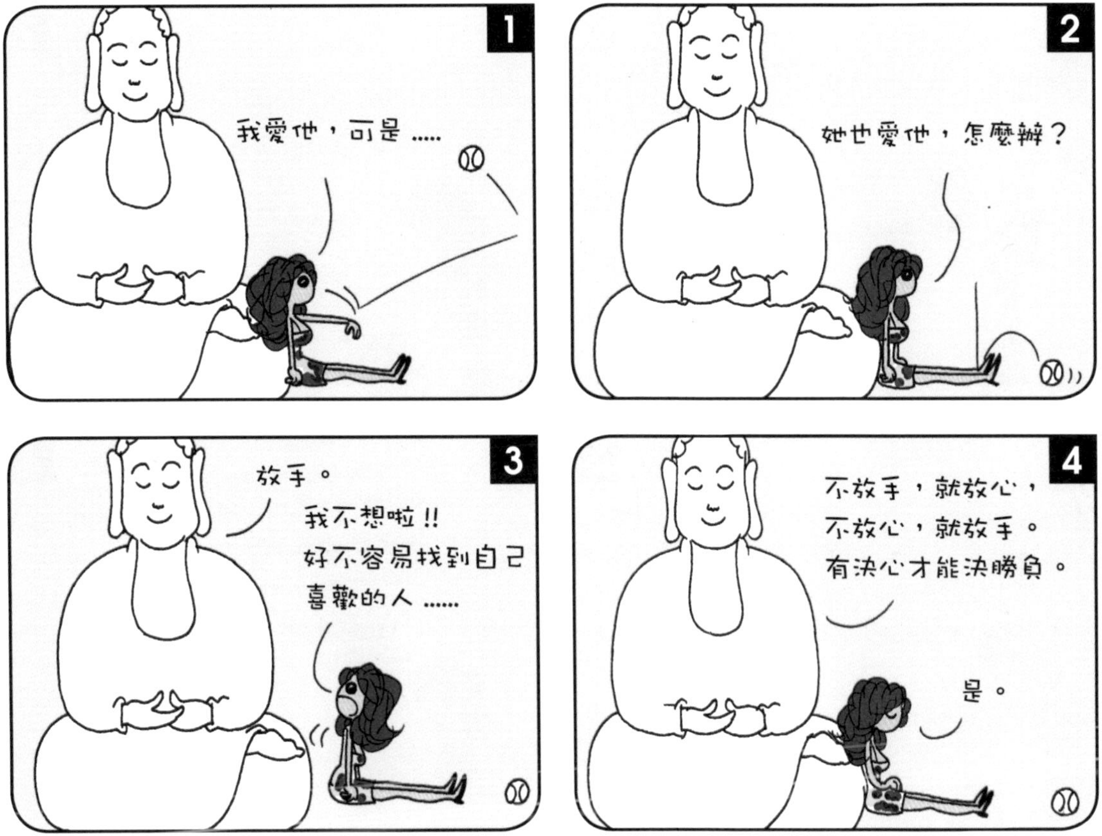
1
我愛他，可是……
2
她也愛他，怎麼辦？
3
放手。
我不想啦!!
好不容易找到自己
喜歡的人……
4
不放手，就放心，
不放心，就放手。
有決心才能決勝負。
是。

055.

越是混亂的事，越要簡單的心。

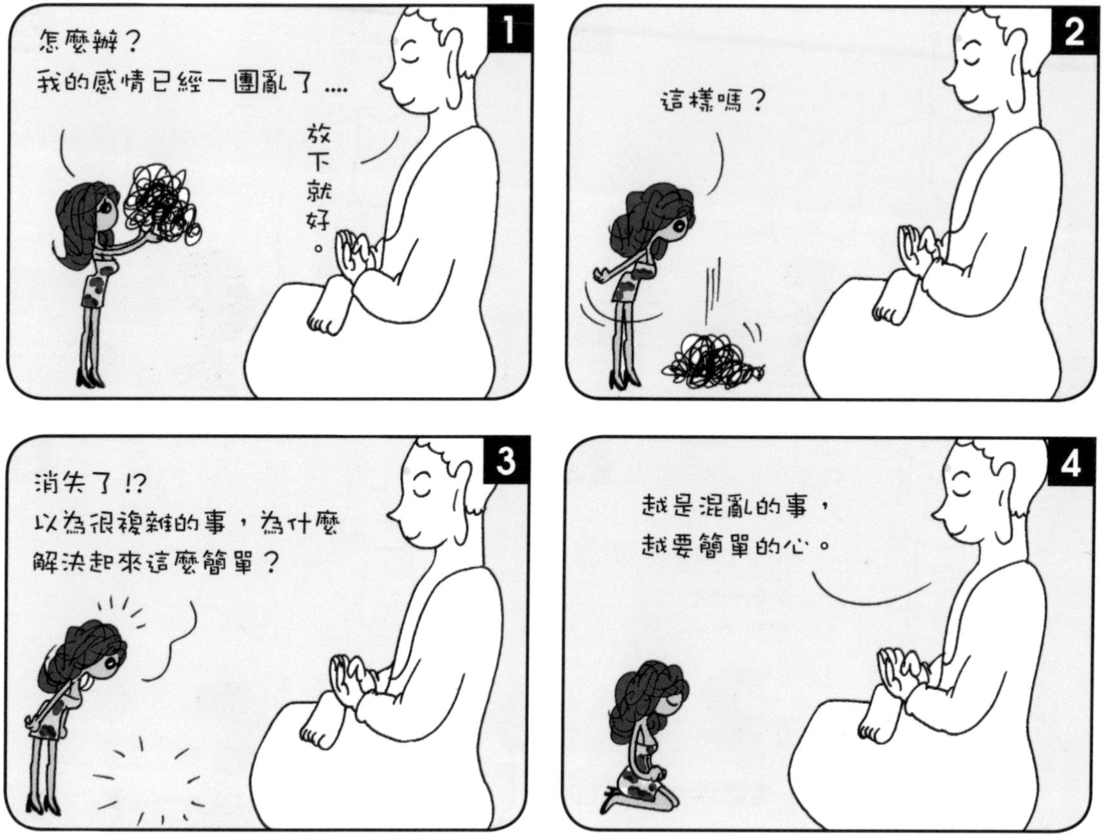
怎麼辦？
我的感情已經一團亂了....
放下就好。
這樣嗎？
消失了!?
以為很複雜的事，為什麼
解決起來這麼簡單？
越是混亂的事，
越要簡單的心。

056.

選擇一個你願意為他而變得更好的人。

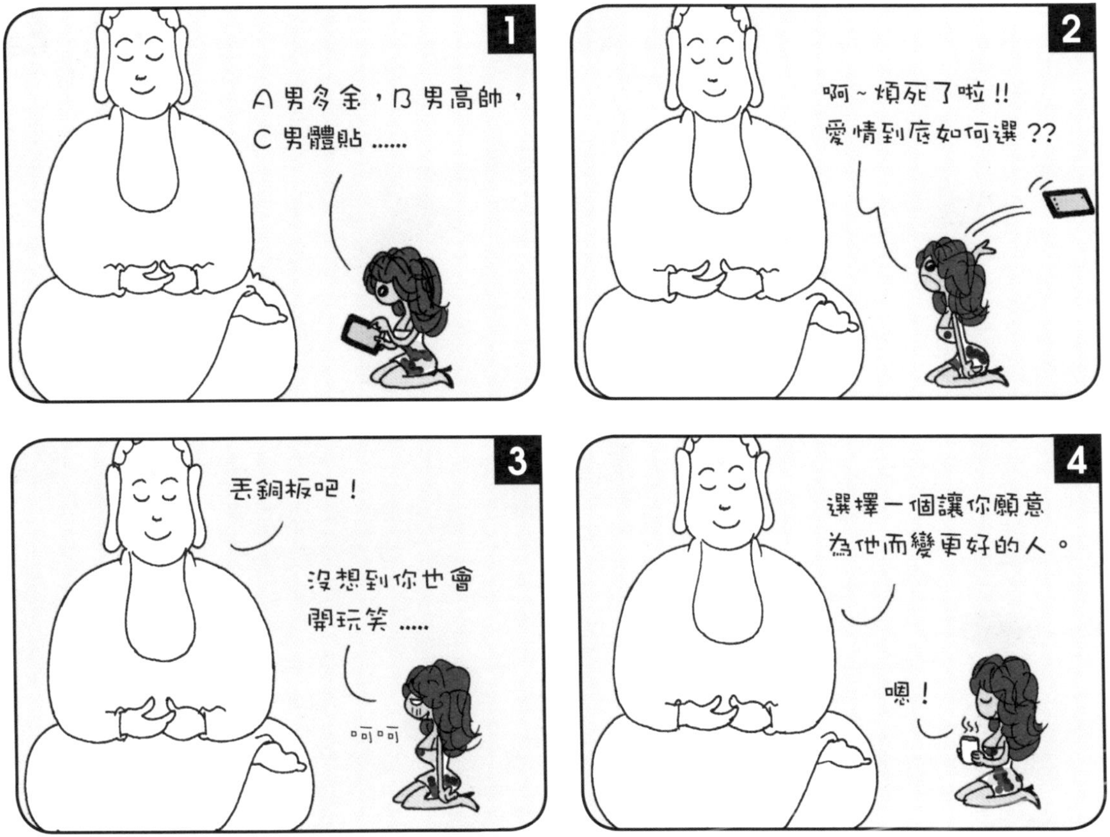
1
A男多金，B男高帥，
C男體貼……
2
啊～煩死了啦!!
愛情到底如何選??
3
丟銅板吧！
沒想到你也會
開玩笑……
呵呵
4
選擇一個讓你願意
為他而變更好的人。
嗯！

057.

愛情的美好，包括有人讓你不自由。

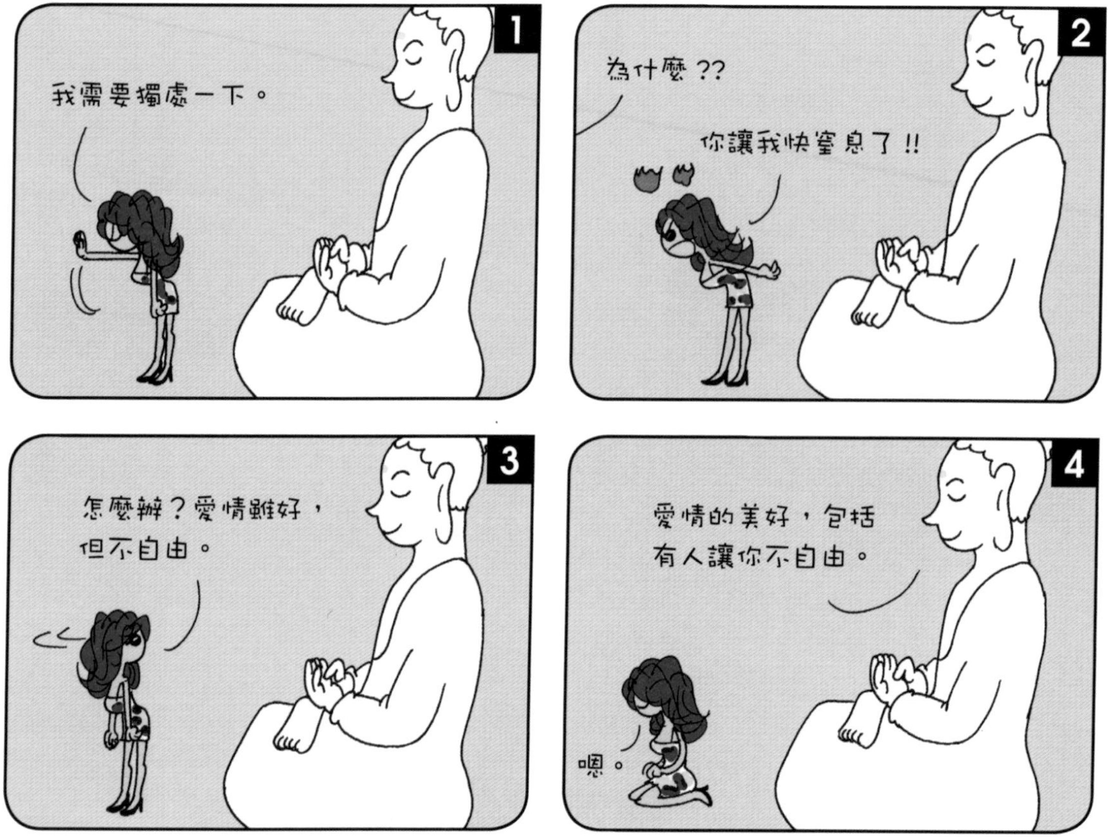
1
我需要獨處一下。
2
為什麼??
你讓我快窒息了!!
3
怎麼辦？愛情雖好，
但不自由。
4
愛情的美好，包括
有人讓你不自由。
嗯。

058.

越想表現不緊張，心裡可能越喜歡。

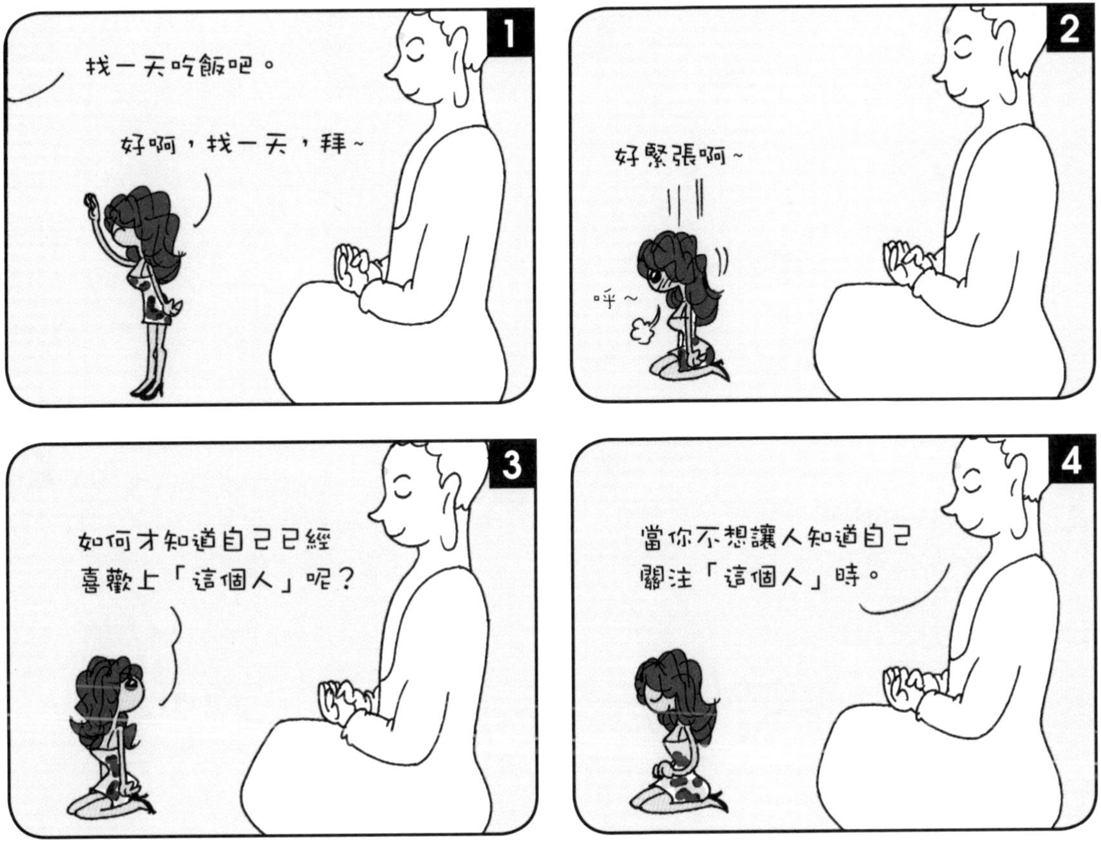

059.

有錢，讓人比較不辛苦，知足，才能使人幸福。

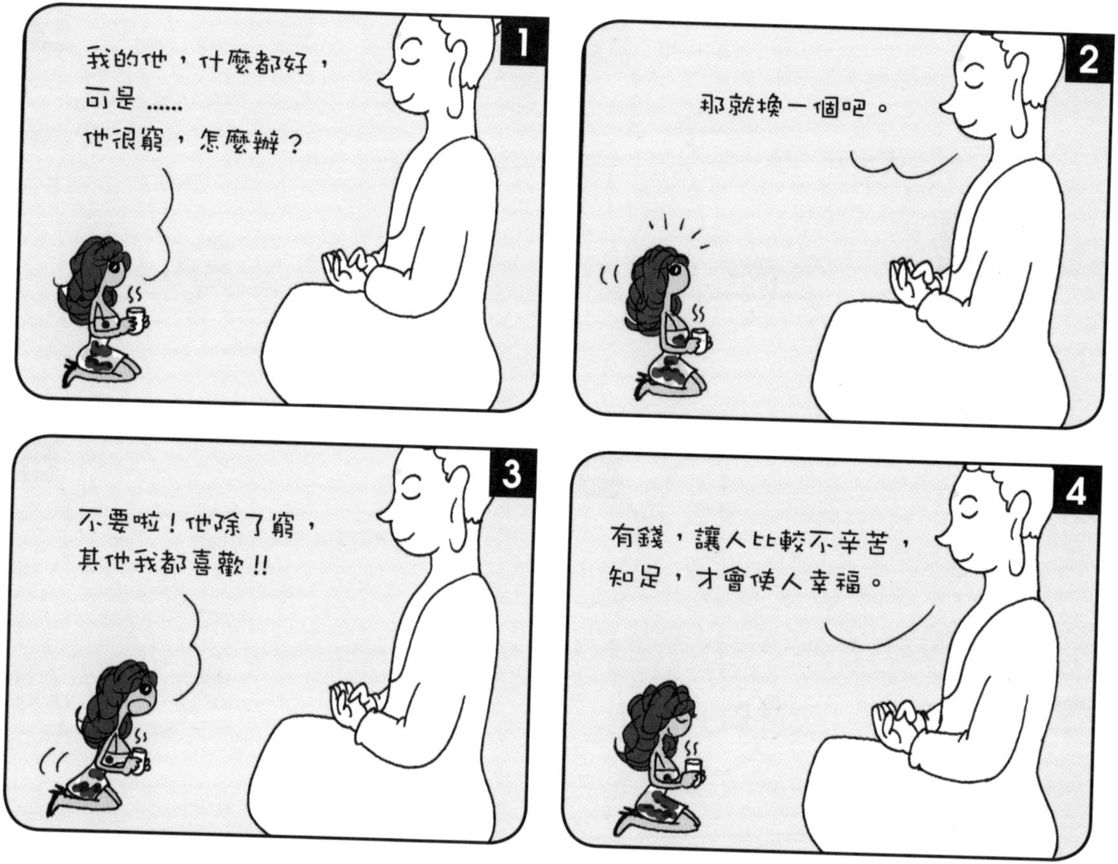
1
我的他，什麼都好，
可是……
他很窮，怎麼辦？
2
那就換一個吧。
3
不要啦！他除了窮，
其他我都喜歡!!
4
有錢，讓人比較不辛苦，
知足，才會使人幸福。

060.

無法守時的人，也無法守住愛情。

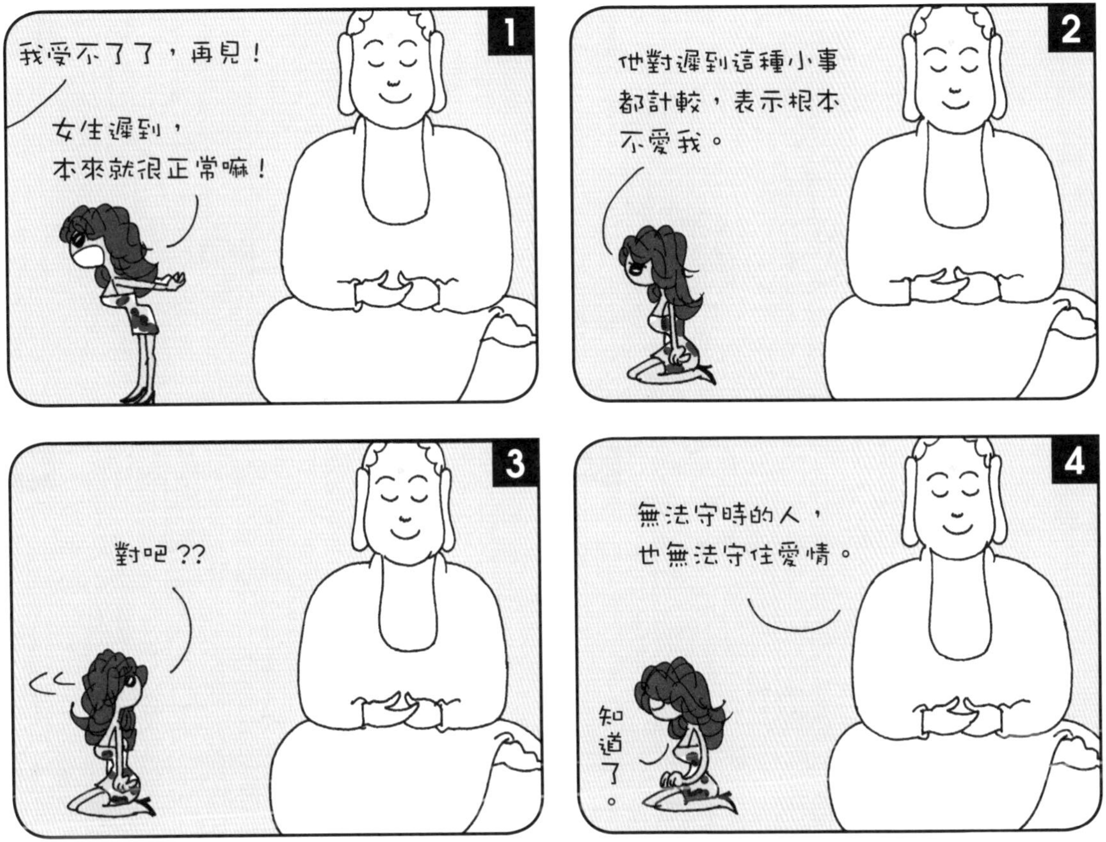
1
我受不了了，再見！
女生遲到，
本來就很正常嘛！
2
他對遲到這種小事
都計較，表示根本
不愛我。
3
對吧??
4
無法守時的人，
也無法守住愛情。
知道了。

061.

少一點得失，就不會迷失。

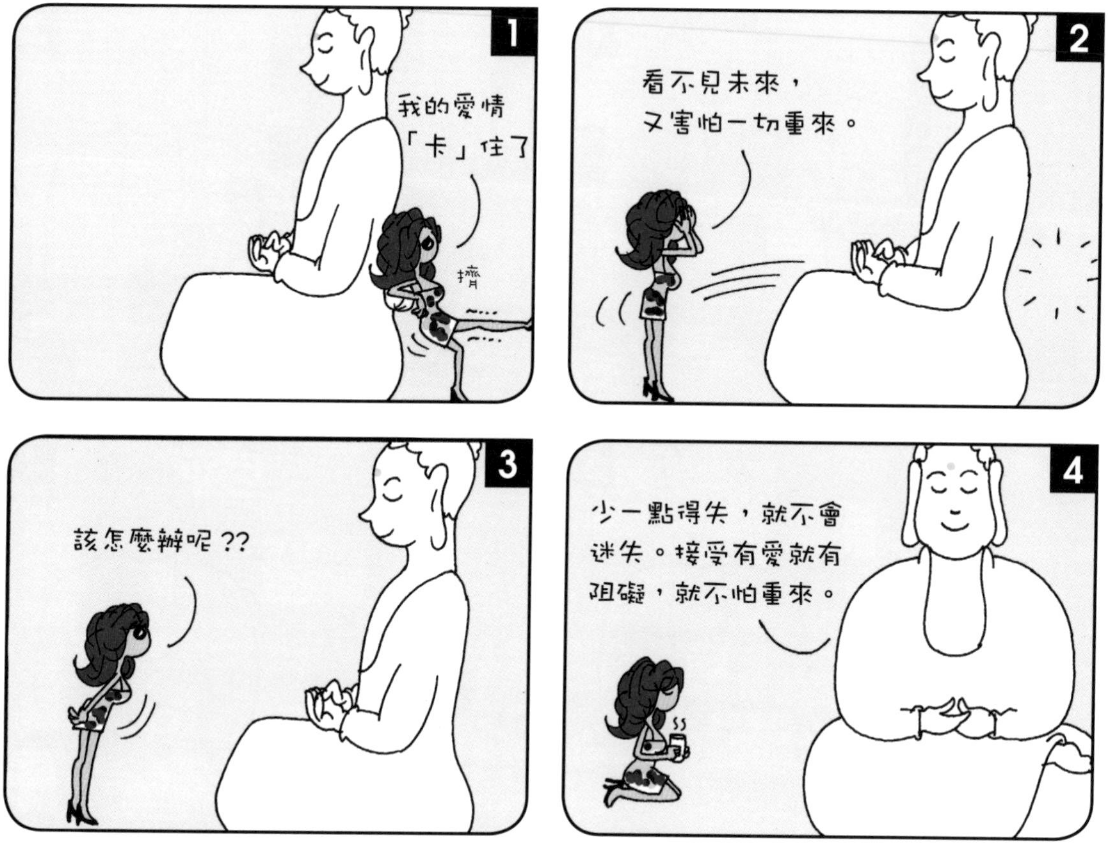
1
我的愛情「卡」住了
擠
2
看不見未來，又害怕一切重來。
3
該怎麼辦呢??
4
少一點得失，就不會迷失。接受有愛就有阻礙，就不怕重來。

緣分需要剛剛好的力氣，隨順的心。

好事不用勉強，勉強來的不會是好事。

062.

知道自己不可愛，反而很可愛。

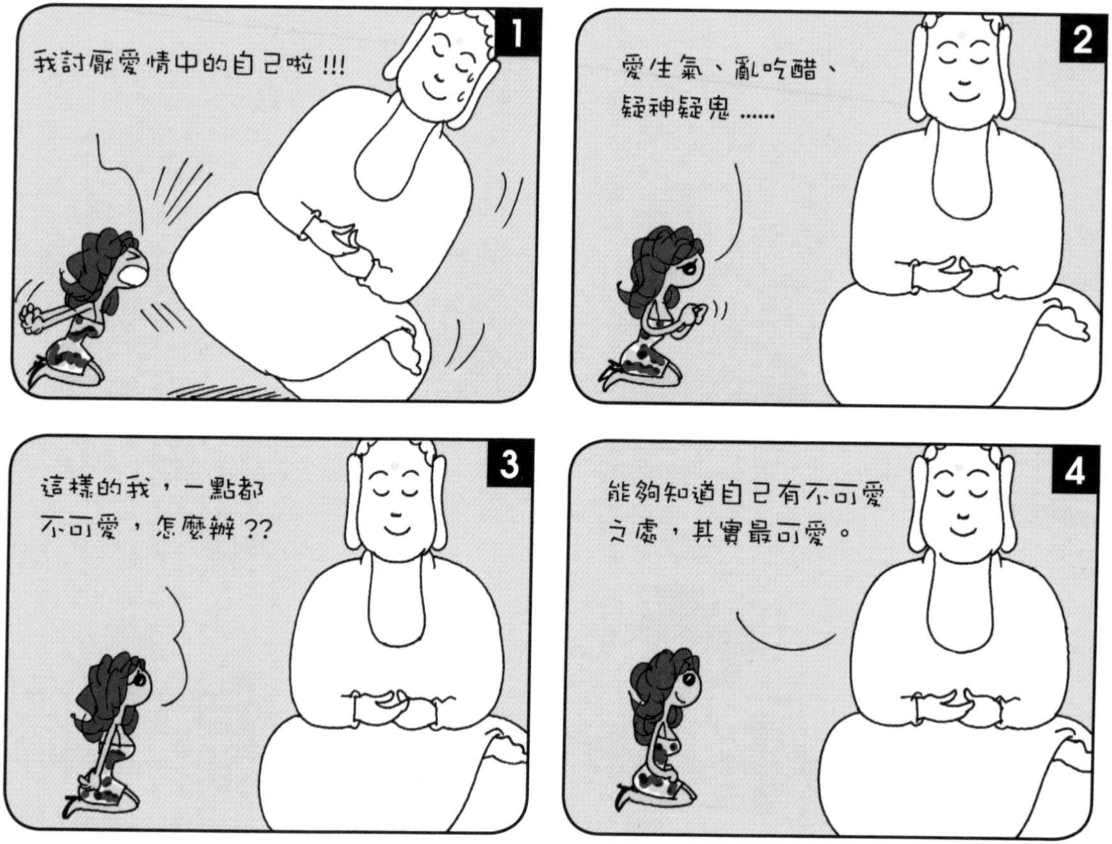
1
我討厭愛情中的自己啦!!!
2
愛生氣、亂吃醋、
疑神疑鬼……
3
這樣的我，一點都
不可愛，怎麼辦??
4
能夠知道自己有不可愛
之處，其實最可愛。

063.

先要不怕煩惱，才能沒有煩惱。

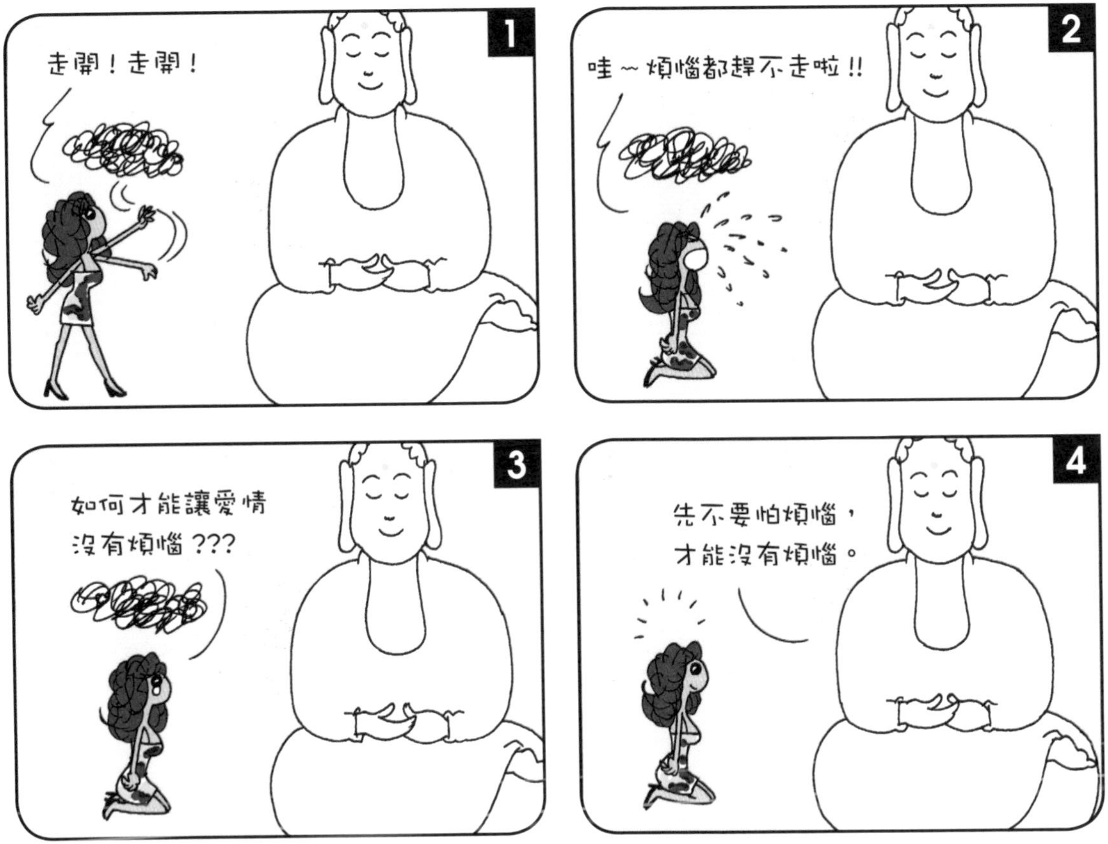
1
走開！走開！
2
哇～煩惱都趕不走啦!!
3
如何才能讓愛情
沒有煩惱???
4
先不要怕煩惱，
才能沒有煩惱。

064.

愛情雖然不能被金錢所衡量，
但是，對物質小氣的人，對感情也不會大方。

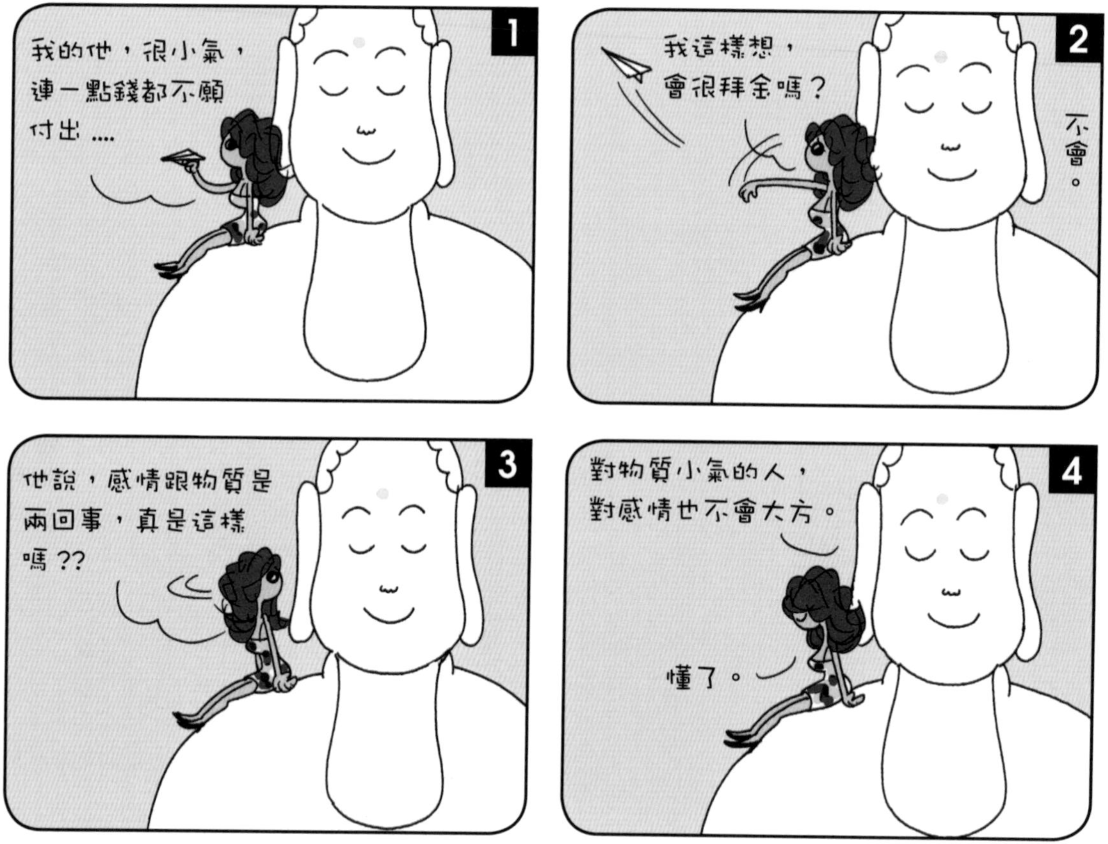
1
我的他，很小氣，連一點錢都不願付出....
2
我這樣想，會很拜金嗎？
不會。
3
他說，感情跟物質是兩回事，真是這樣嗎??
4
對物質小氣的人，對感情也不會大方。
懂了。

065.

沒說出口的話，才是心裡話。

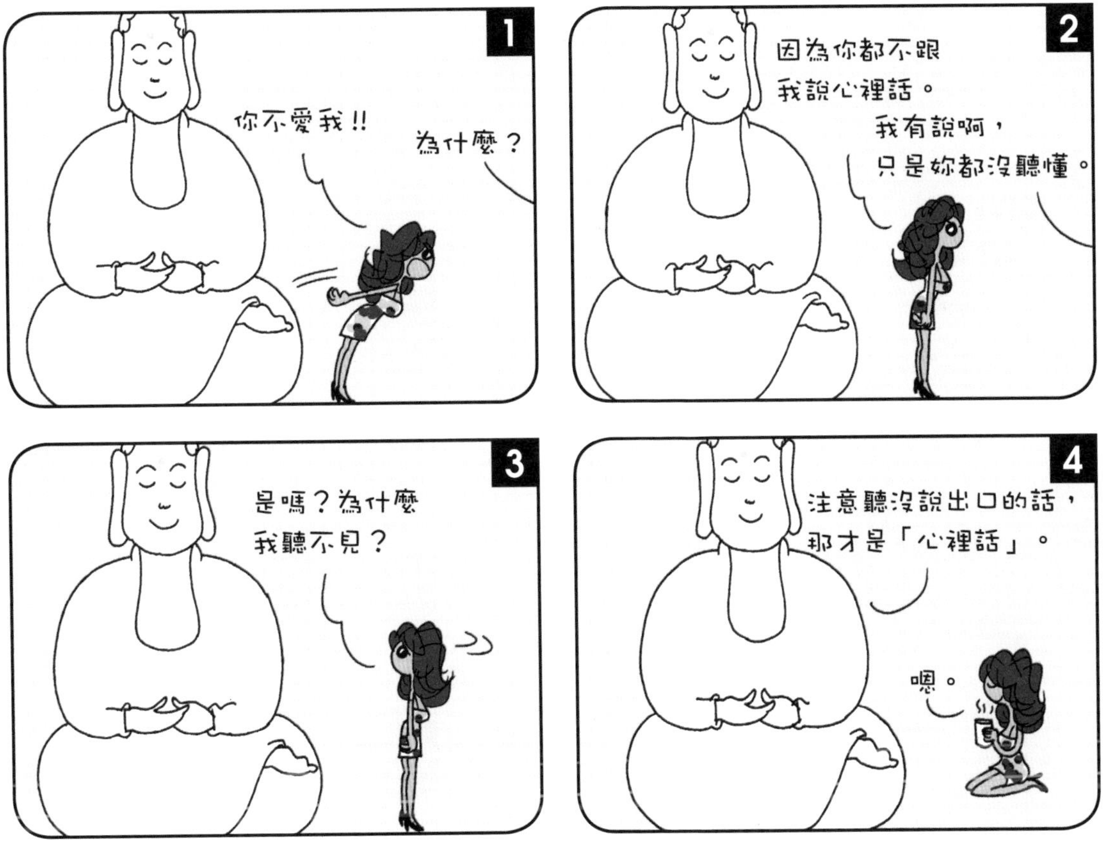
1
你不愛我!!
為什麼？
2
因為你都不跟我說心裡話。
我有說啊，只是妳都沒聽懂。
3
是嗎？為什麼我聽不見？
4
注意聽沒說出口的話，那才是「心裡話」。
嗯。

066.

得不到回應的暗示，或許就是對方的一種暗示。

1
大笨蛋～
晃動
2
已經暗示 100 遍了，你就是不懂我喜歡你的心意………
3
男生為何這麼遲鈍？
4
對方也在暗示他不喜歡你，只是你不接受罷了。
喔！

067.

傾聽別人說話，也會讓人聽你說話。

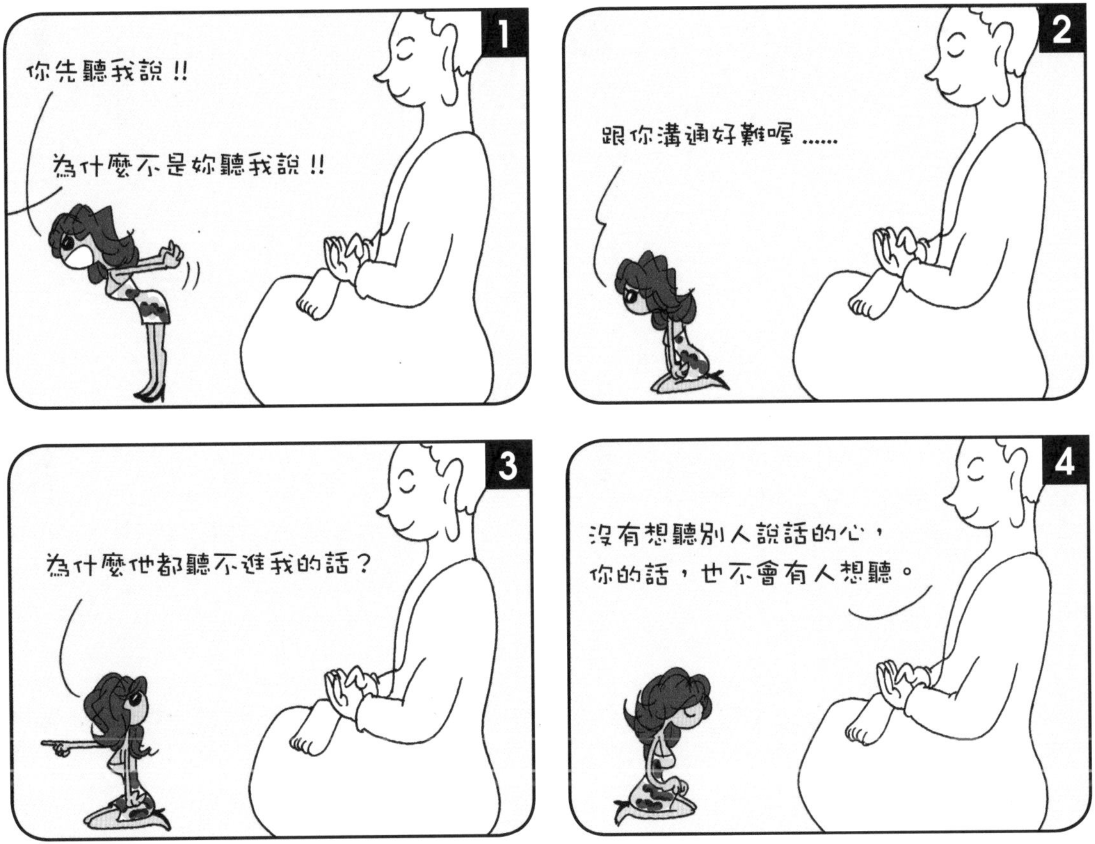
1
你先聽我說!!
為什麼不是妳聽我說!!
2
跟你溝通好難喔......
3
為什麼他都聽不進我的話?
4
沒有想聽別人說話的心，
你的話，也不會有人想聽。

068.

愛，沒有行動，心，不會感動。

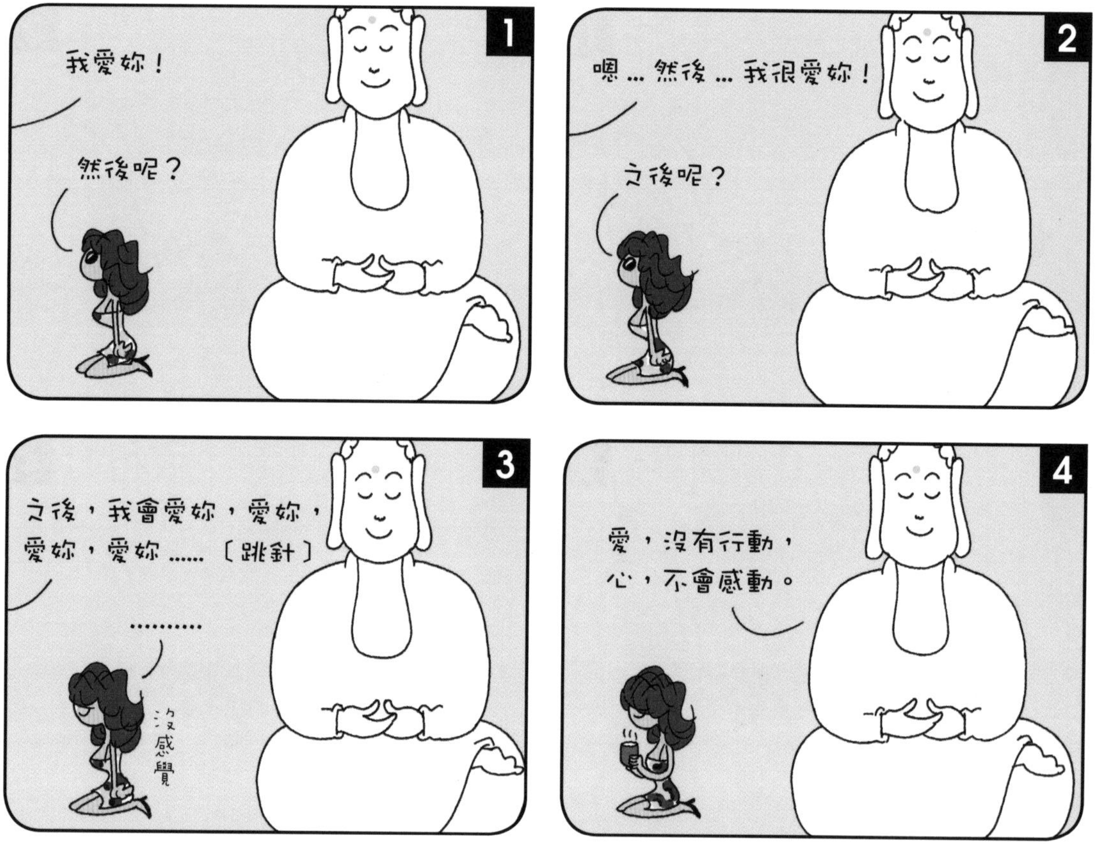
1
我愛妳！
然後呢？
2
嗯…然後…我很愛妳！
之後呢？
3
之後，我會愛妳，愛妳，
愛妳，愛妳……〔跳針〕
…………
沒感覺
4
愛，沒有行動，
心，不會感動。

069.

多情的人，永遠喜歡對他無情的人。

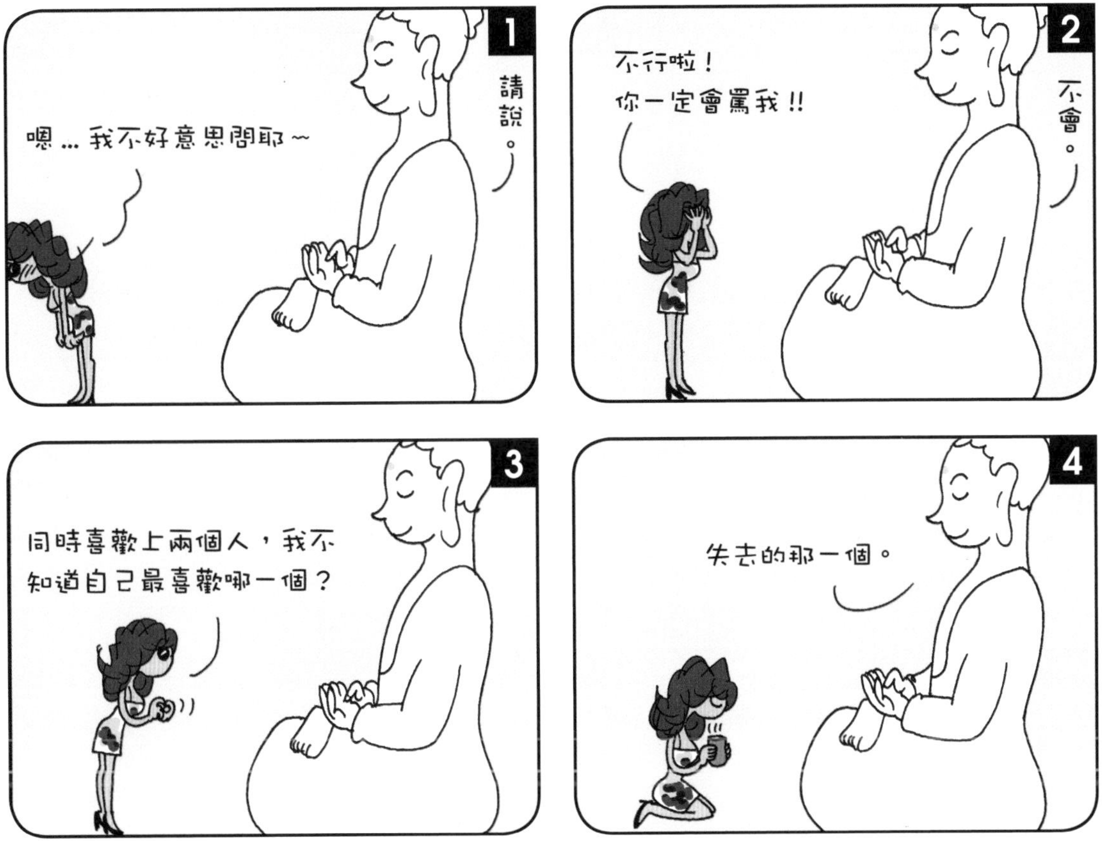
請說。
嗯…我不好意思問耶～
不會。
不行啦！
你一定會罵我!!
同時喜歡上兩個人，我不知道自己最喜歡哪一個？
失去的那一個。

070.

少了尊重，什麼樣的愛都不會讓人感動。

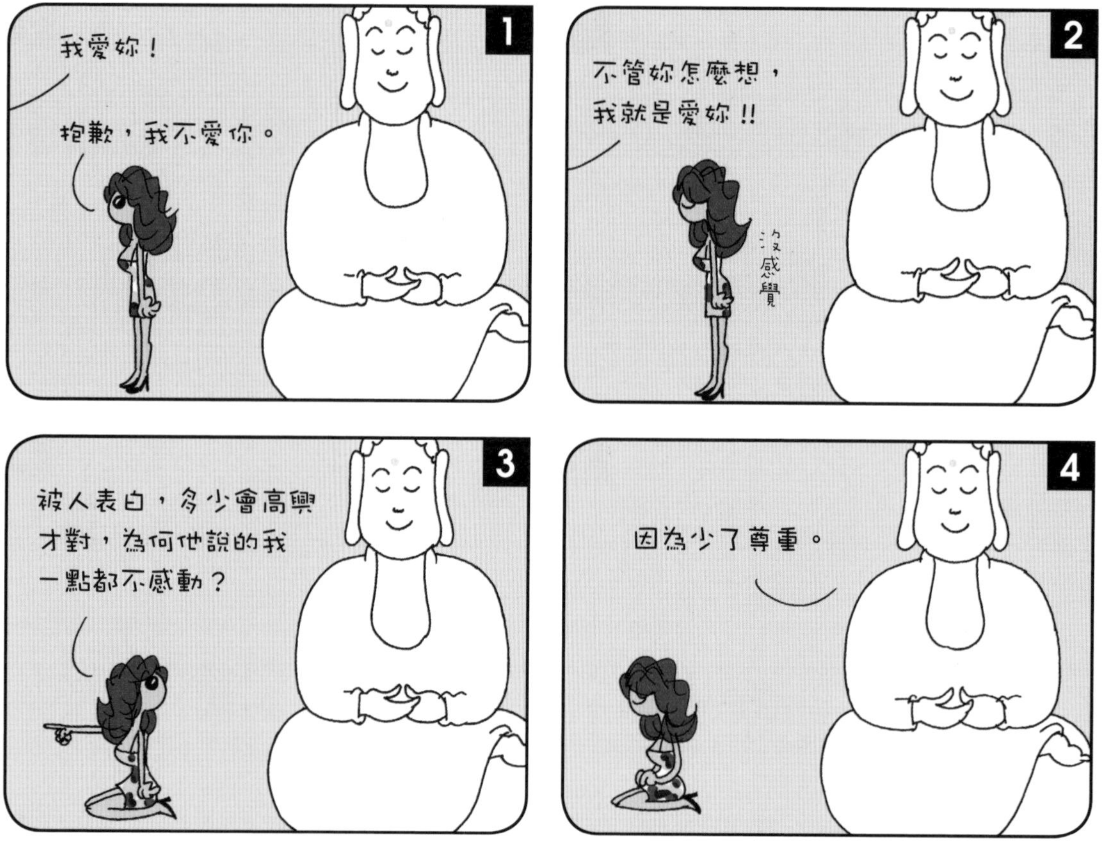
我愛妳！
抱歉，我不愛你。
不管妳怎麼想，
我就是愛妳!!
沒感覺
被人表白，多少會高興才對，為何他說的我一點都不感動？
因為少了尊重。

071.

多情的人，只愛自己。

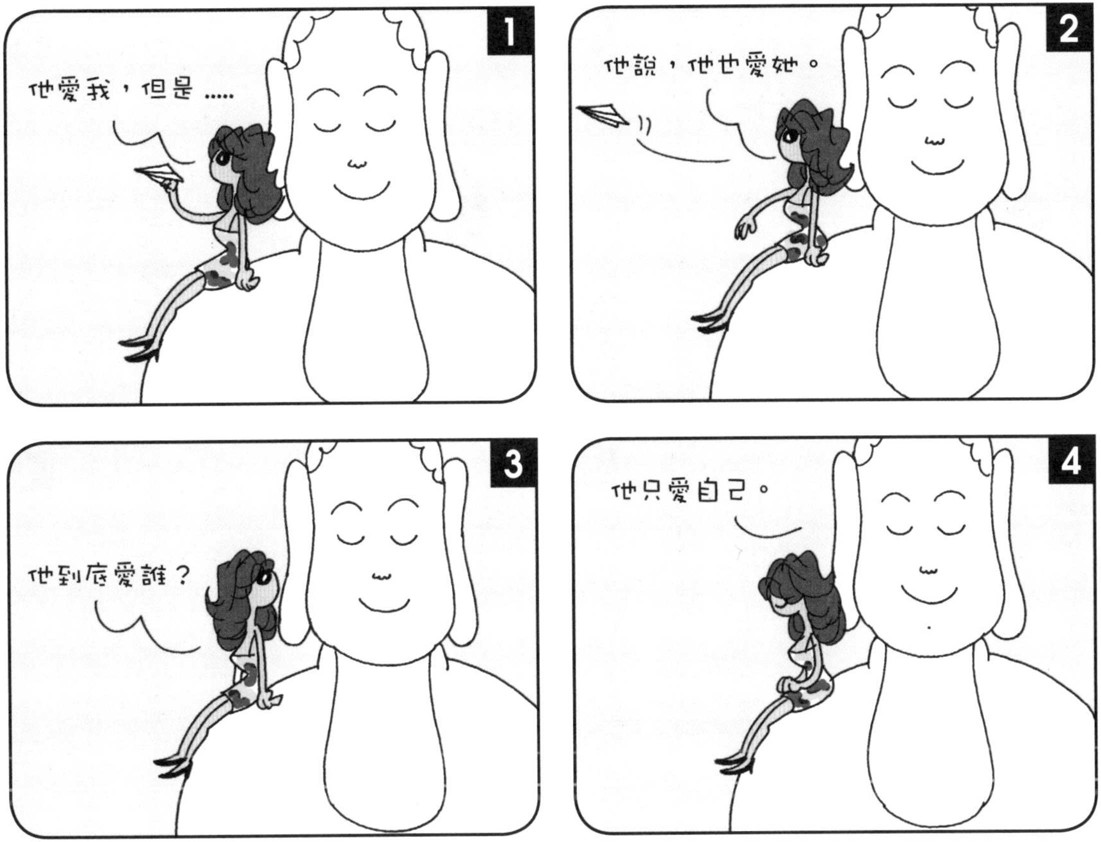
1
他愛我，但是……
2
他說，他也愛她。
3
他到底愛誰？
4
他只愛自己。

072.

不要在愛裡分高低，高低的心裡沒有愛。

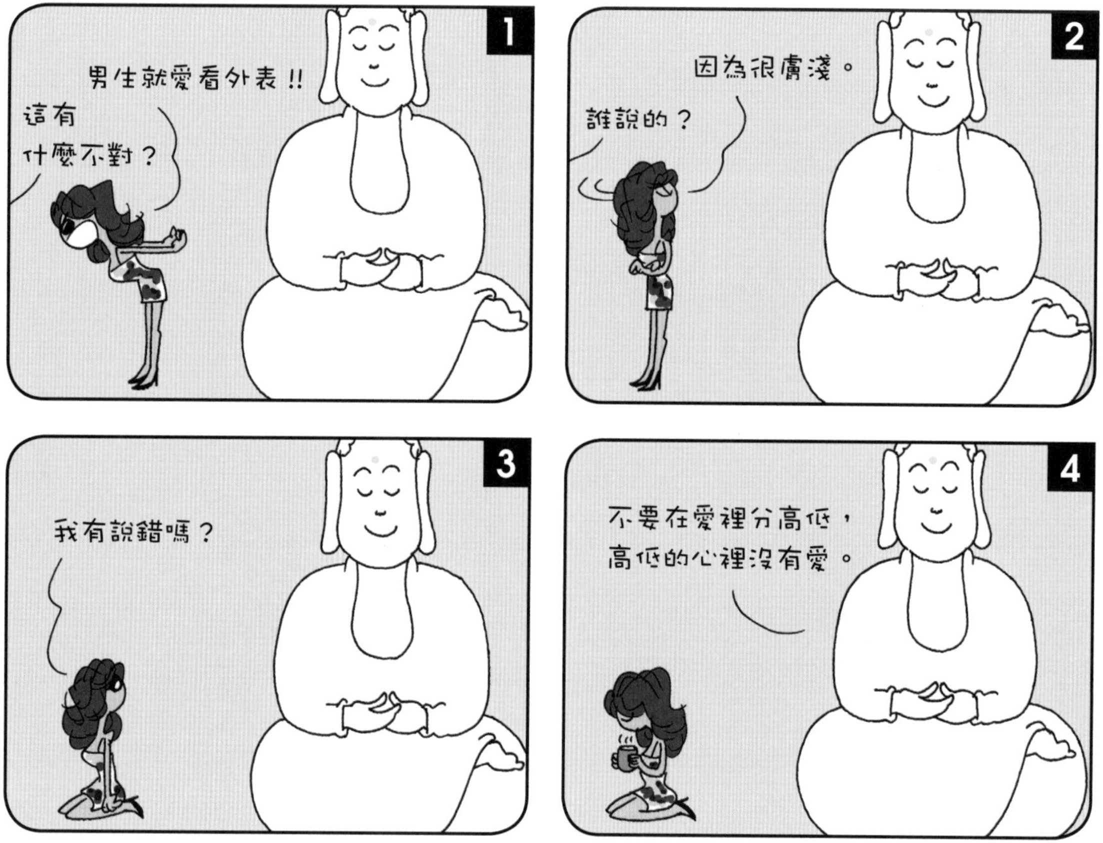
男生就愛看外表!!
這有什麼不對？
因為很膚淺。
誰說的？
我有說錯嗎？
不要在愛裡分高低，
高低的心裡沒有愛。

073.

遇上幸福時，懂分享，不勉強。

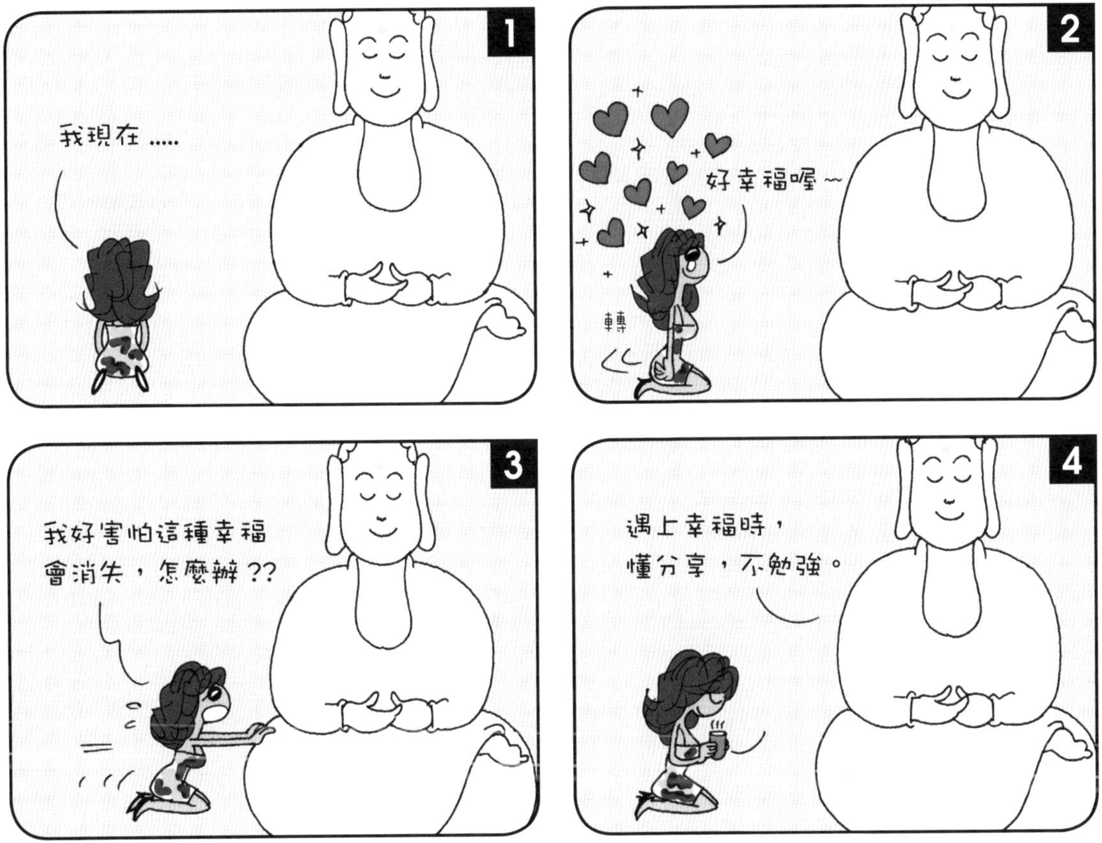
1
我現在……
2
好幸福喔～
轉
3
我好害怕這種幸福會消失，怎麼辦??
4
遇上幸福時，懂分享，不勉強。

074.

婚姻是選擇一種生活，清楚喜歡什麼生活，
就知道自己適合什麼人。

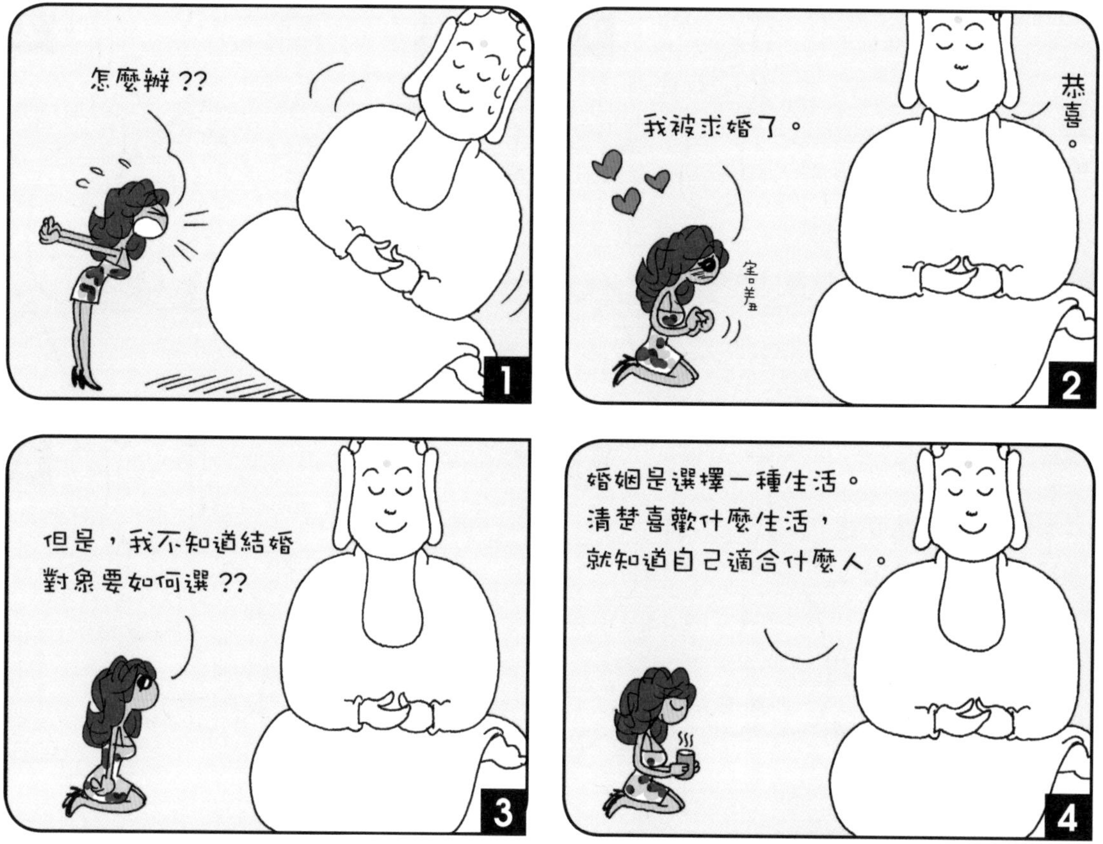
怎麼辦??
我被求婚了。
害羞
恭喜。
但是，我不知道結婚
對象要如何選??
婚姻是選擇一種生活。
清楚喜歡什麼生活，
就知道自己適合什麼人。

幸福不在頭頂上，
而在眼下所擁有。

075.

越生氣，越沒說服力。

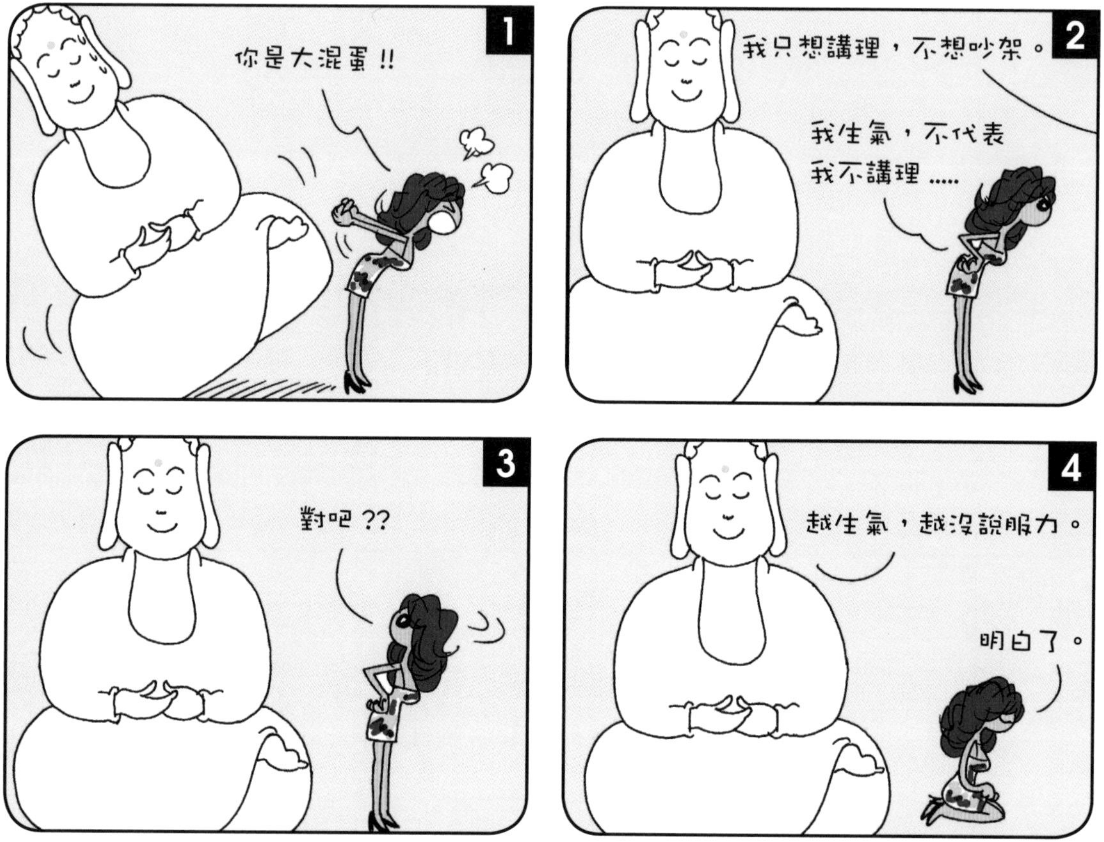
1
你是大混蛋!!
2
我只想講理，不想吵架。
我生氣，不代表
我不講理.....
3
對吧??
4
越生氣，越沒說服力。
明白了。

076.

情緒，只能煽動人，無法感動人。

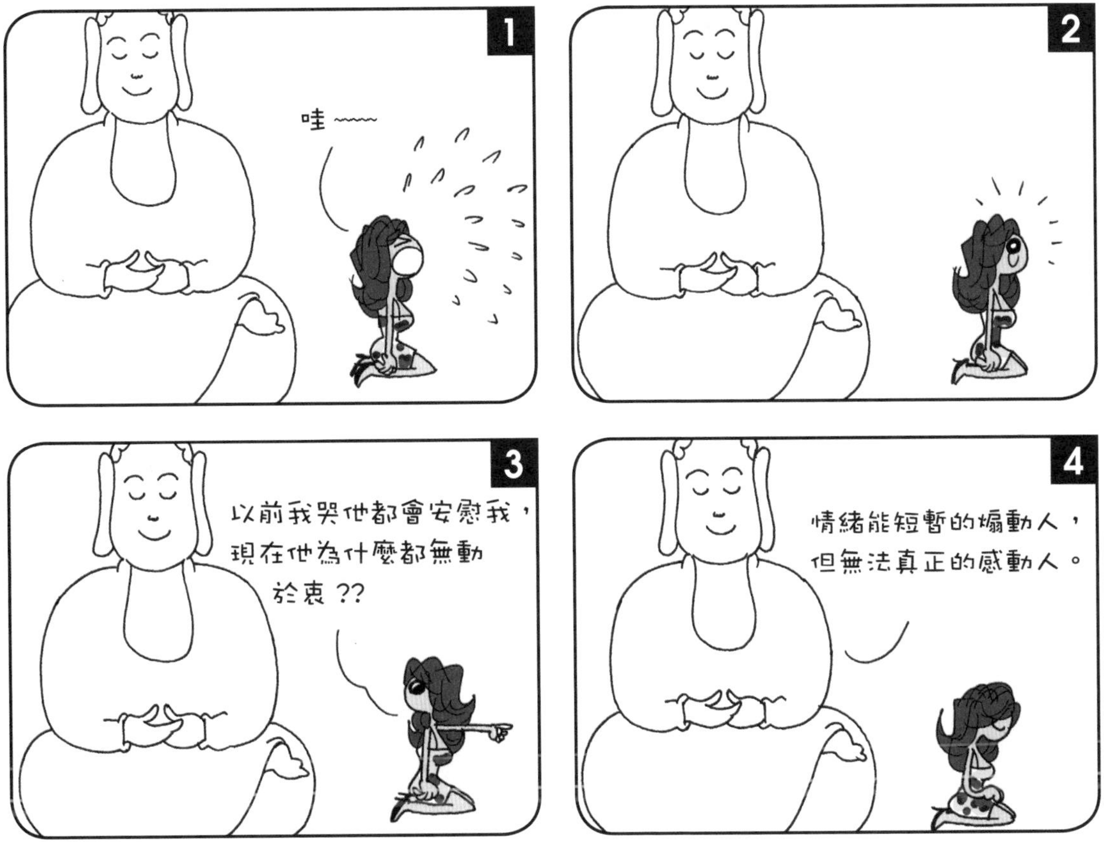
1
哇~~~
2
3
以前我哭他都會安慰我，現在他為什麼都無動於衷??
4
情緒能短暫的煽動人，但無法真正的感動人。

077.

好的關係，是能對彼此的不同覺得沒關係。

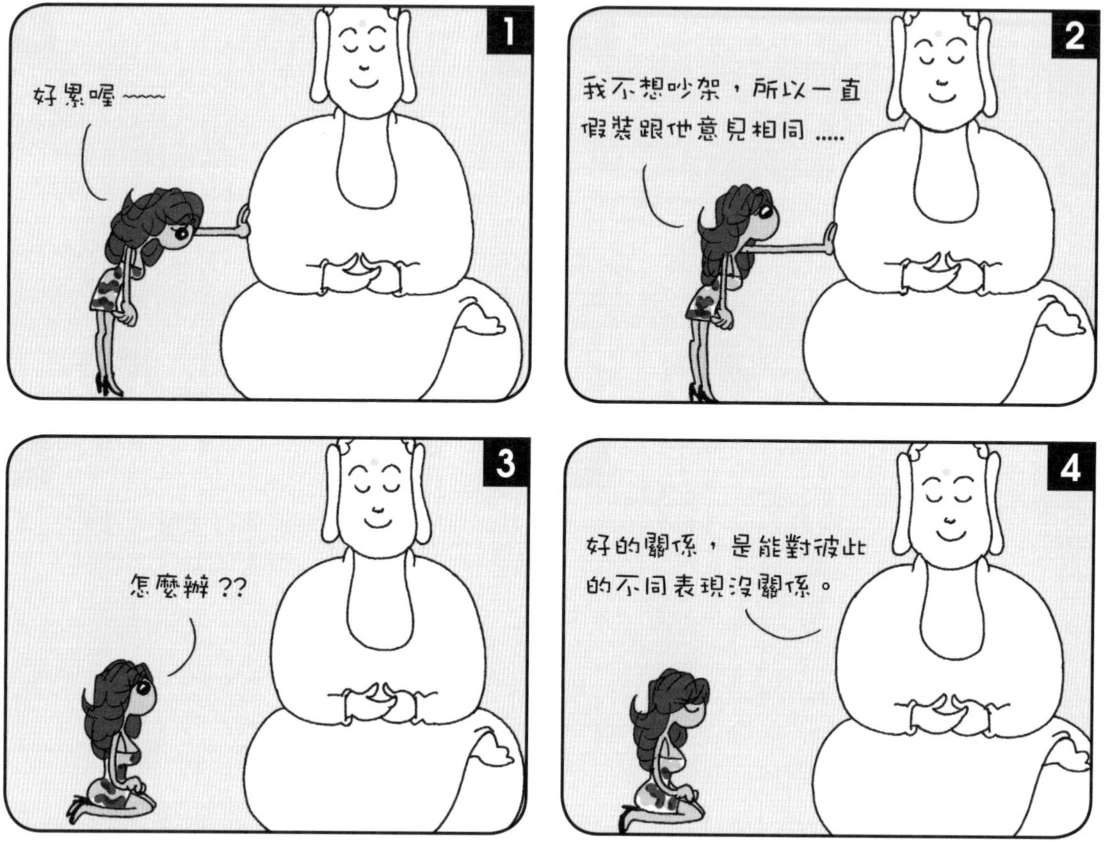
1
好累喔~~~~
2
我不想吵架，所以一直假裝跟他意見相同.....
3
怎麼辦??
4
好的關係，是能對彼此的不同表現沒關係。

078.

「半途而廢」的溫柔最傷人。

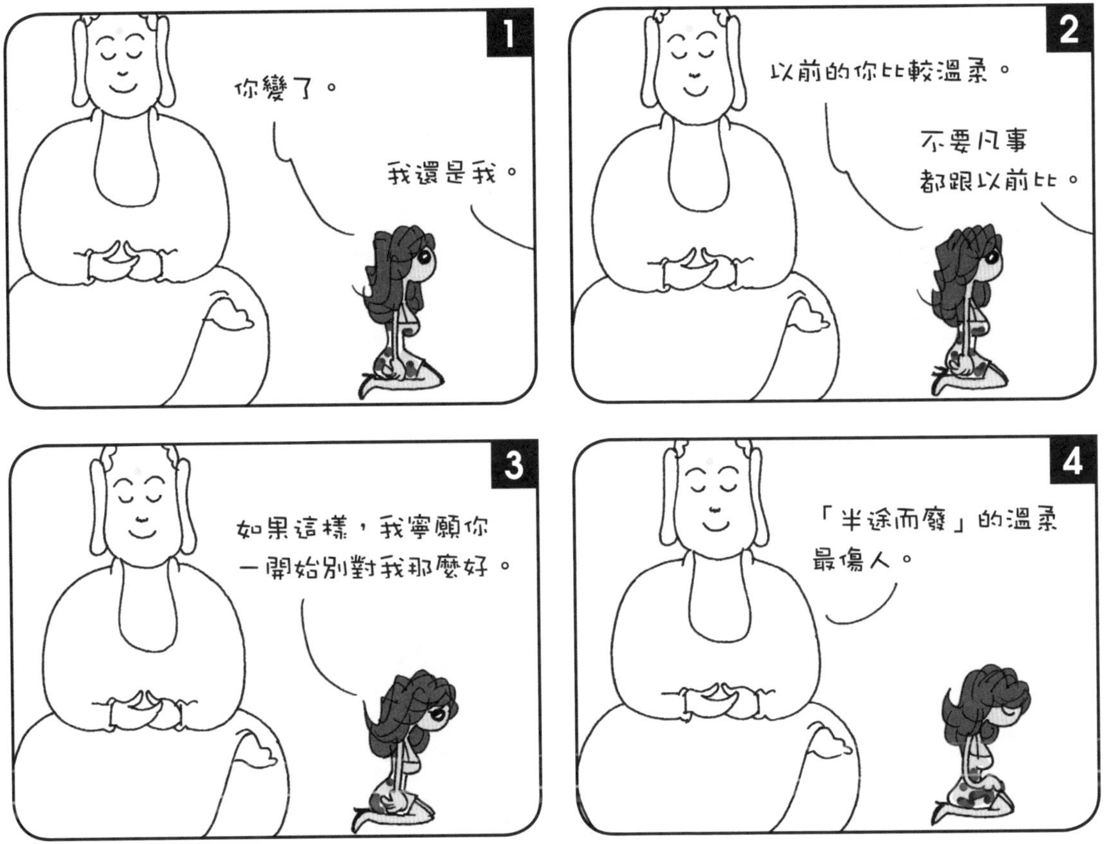
1
你變了。
我還是我。
2
以前的你比較溫柔。
不要凡事都跟以前比。
3
如果這樣，我寧願你一開始別對我那麼好。
4
「半途而廢」的溫柔最傷人。

079.

對愛情不誠實，對其他事也不會老實。

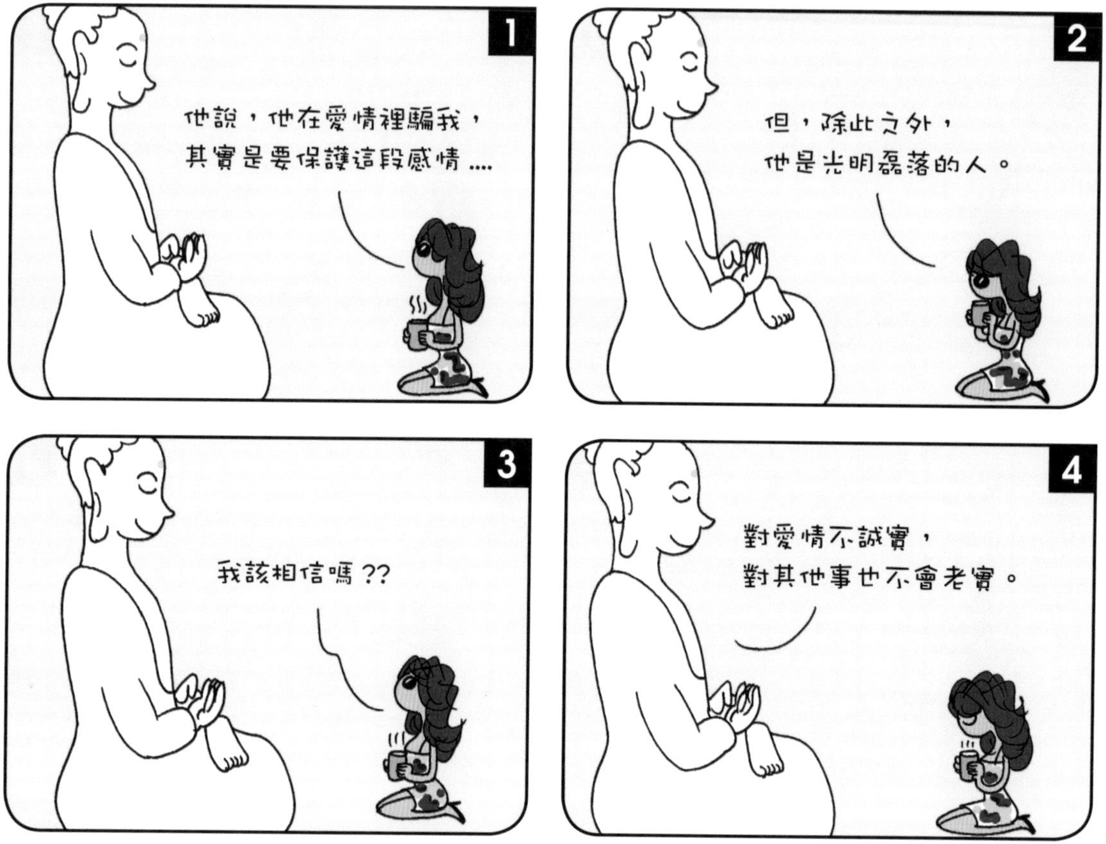
1
他說，他在愛情裡騙我，
其實是要保護這段感情....
2
但，除此之外，
他是光明磊落的人。
3
我該相信嗎??
4
對愛情不誠實，
對其他事也不會老實。

080.

私心大過愛心，就會痛苦。

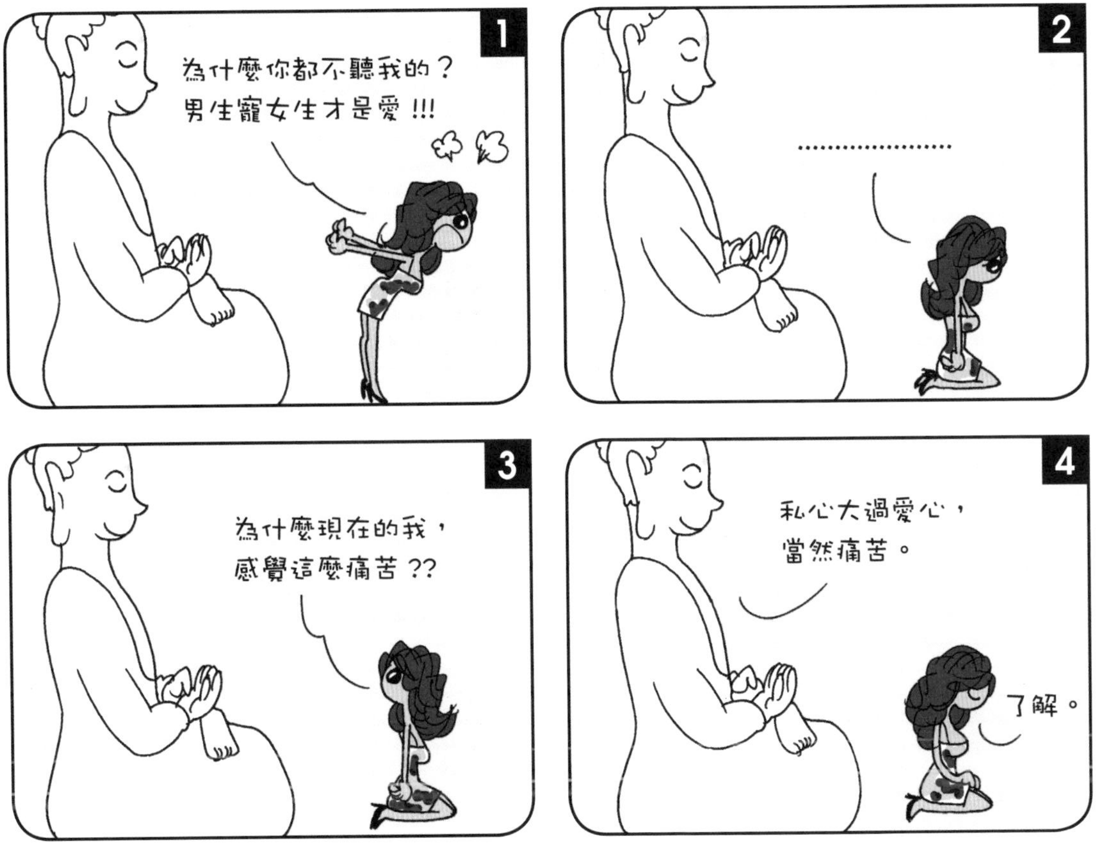
1
為什麼你都不聽我的？
男生寵女生才是愛!!!
2
……………………
3
為什麼現在的我，
感覺這麼痛苦??
4
私心大過愛心，
當然痛苦。
了解。

081.

在愛裡貪心，必定傷心。

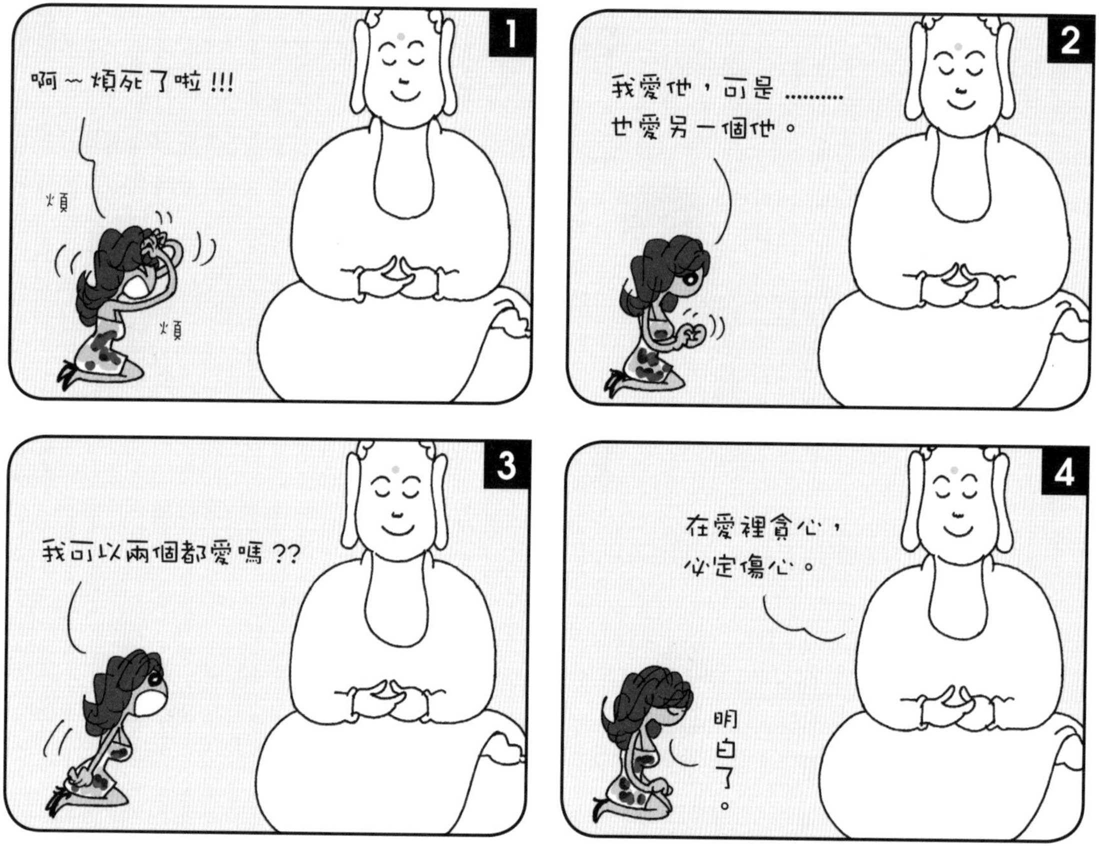
1
啊～煩死了啦!!!
煩
煩
2
我愛他，可是……
也愛另一個他。
3
我可以兩個都愛嗎??
4
在愛裡貪心，
必定傷心。
明白了。

082.

自私的人，所有事都會說是隱私。

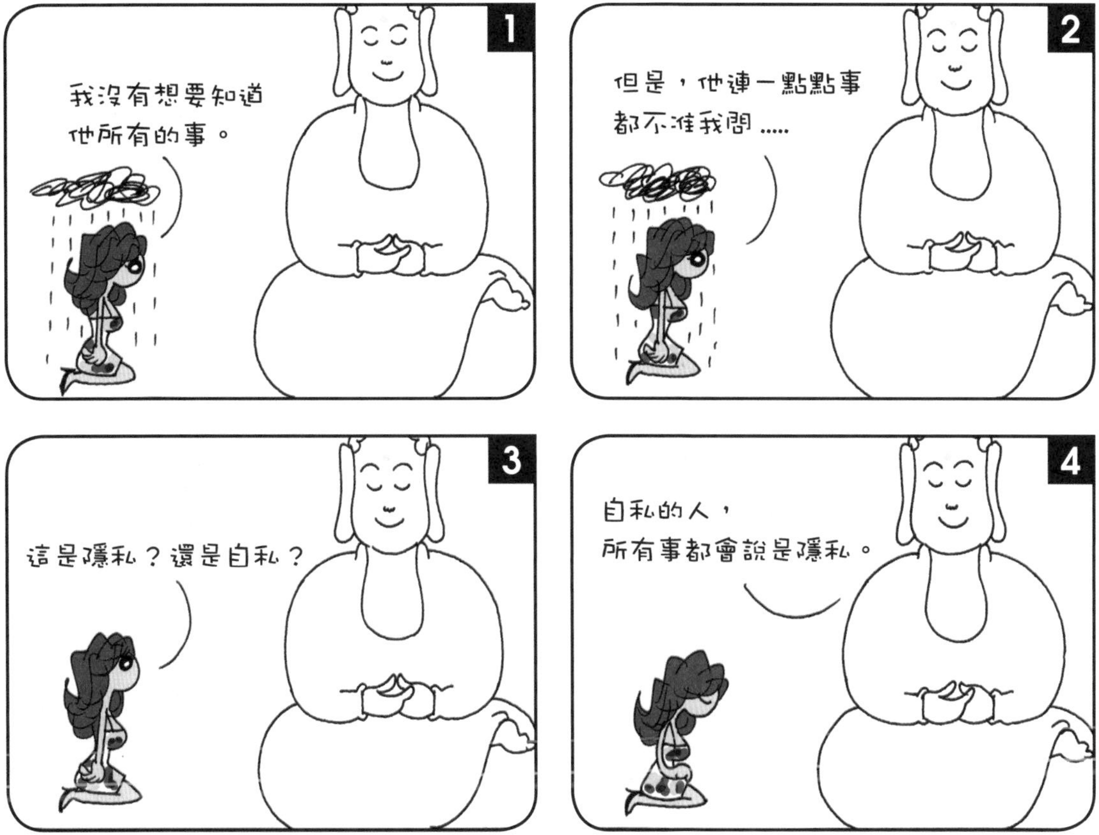
1
我沒有想要知道
他所有的事。
2
但是，他連一點點事
都不准我問.....
3
這是隱私？還是自私？
4
自私的人，
所有事都會說是隱私。

083.

喜歡相同，也要尊重不同。

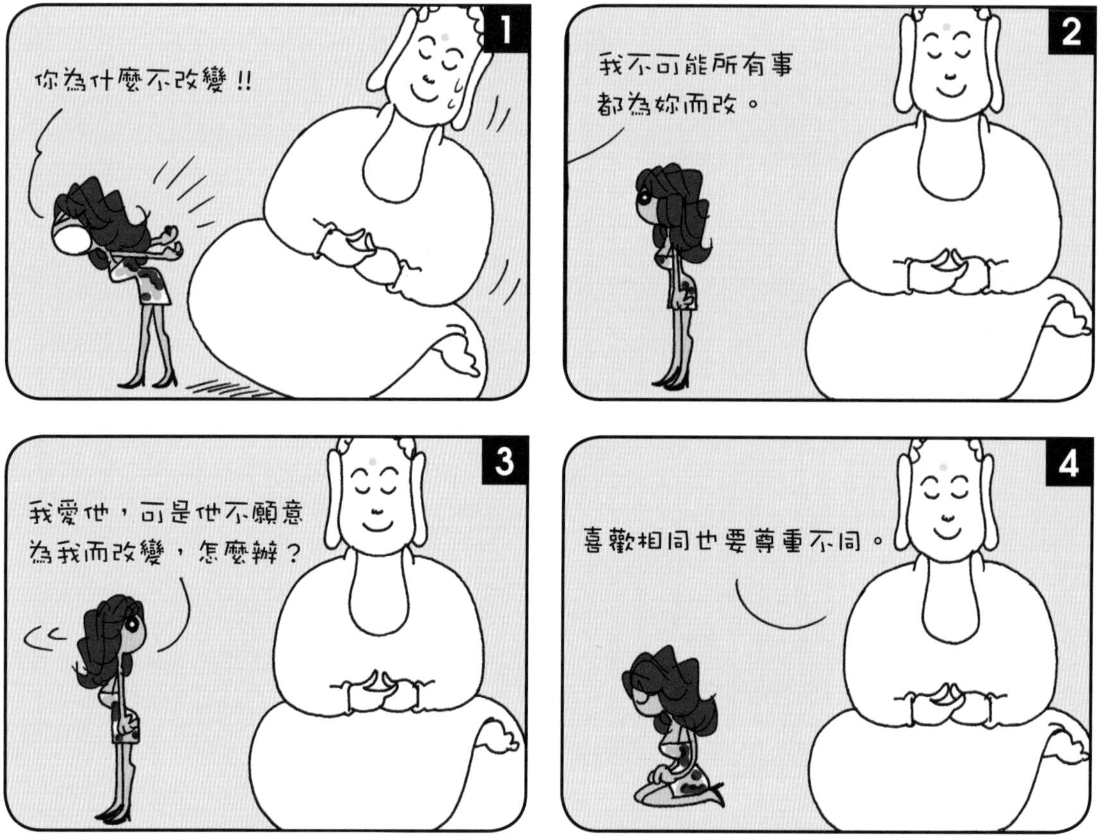
1
你為什麼不改變!!
2
我不可能所有事
都為妳而改。
3
我愛他，可是他不願意
為我而改變，怎麼辦？
4
喜歡相同也要尊重不同。

084.

不爭論的人，往往是比你更了解對錯的人。

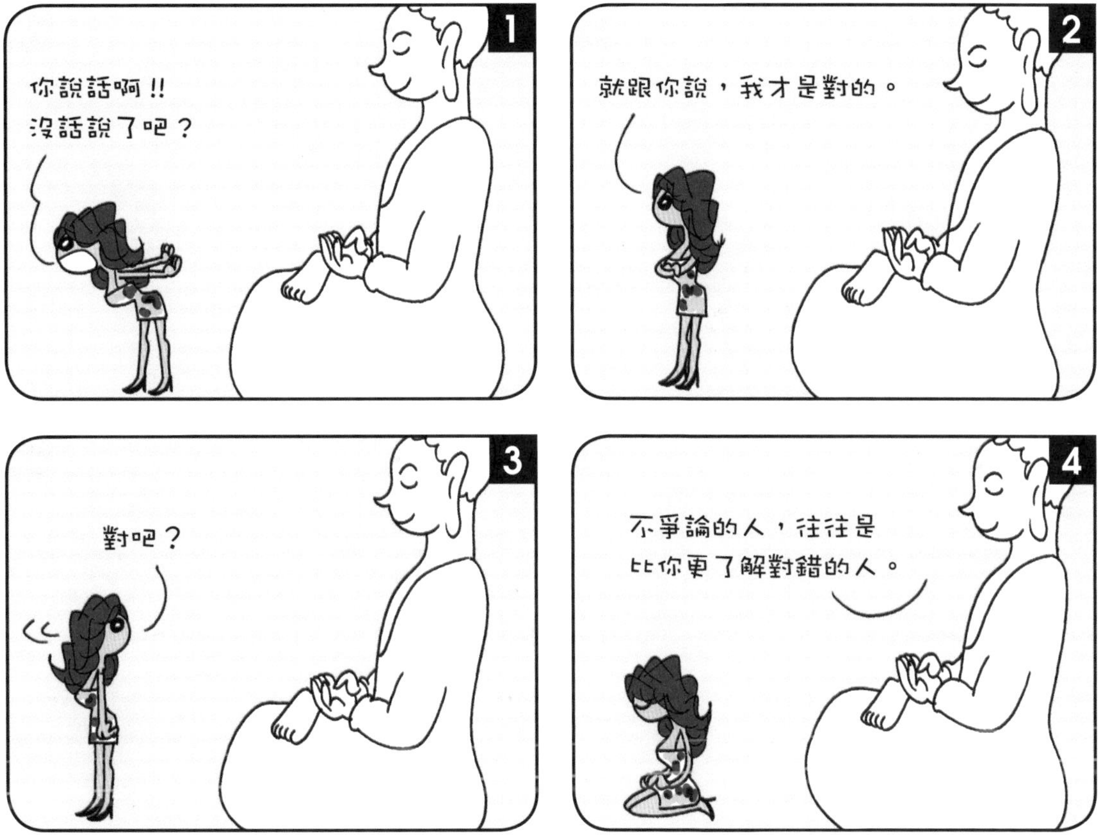
1
你說話啊!!
沒話說了吧？
2
就跟你說，我才是對的。
3
對吧？
4
不爭論的人，往往是
比你更了解對錯的人。

085.

愛得太小心，反而讓人感覺不到真心。

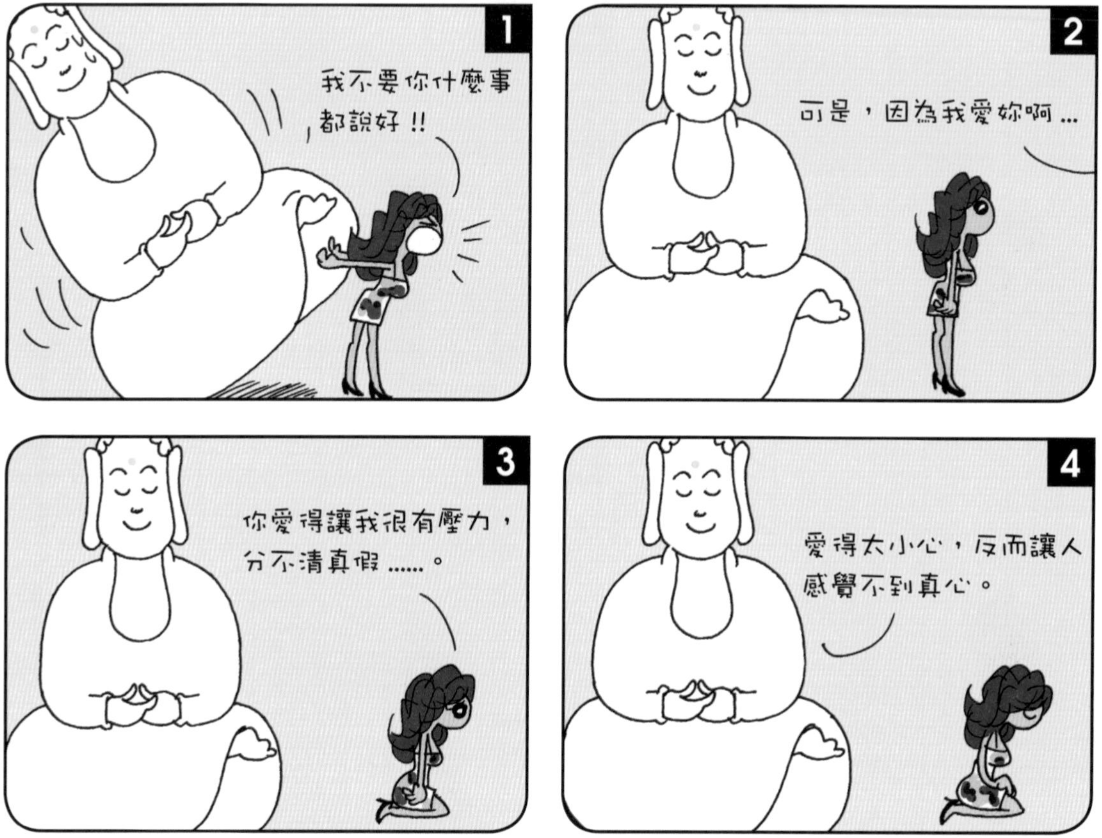
1
我不要你什麼事都說好!!
2
可是，因為我愛妳啊...
3
你愛得讓我很有壓力，分不清真假......。
4
愛得太小心，反而讓人感覺不到真心。

086.

無心的人，有溫柔但沒有溫度。

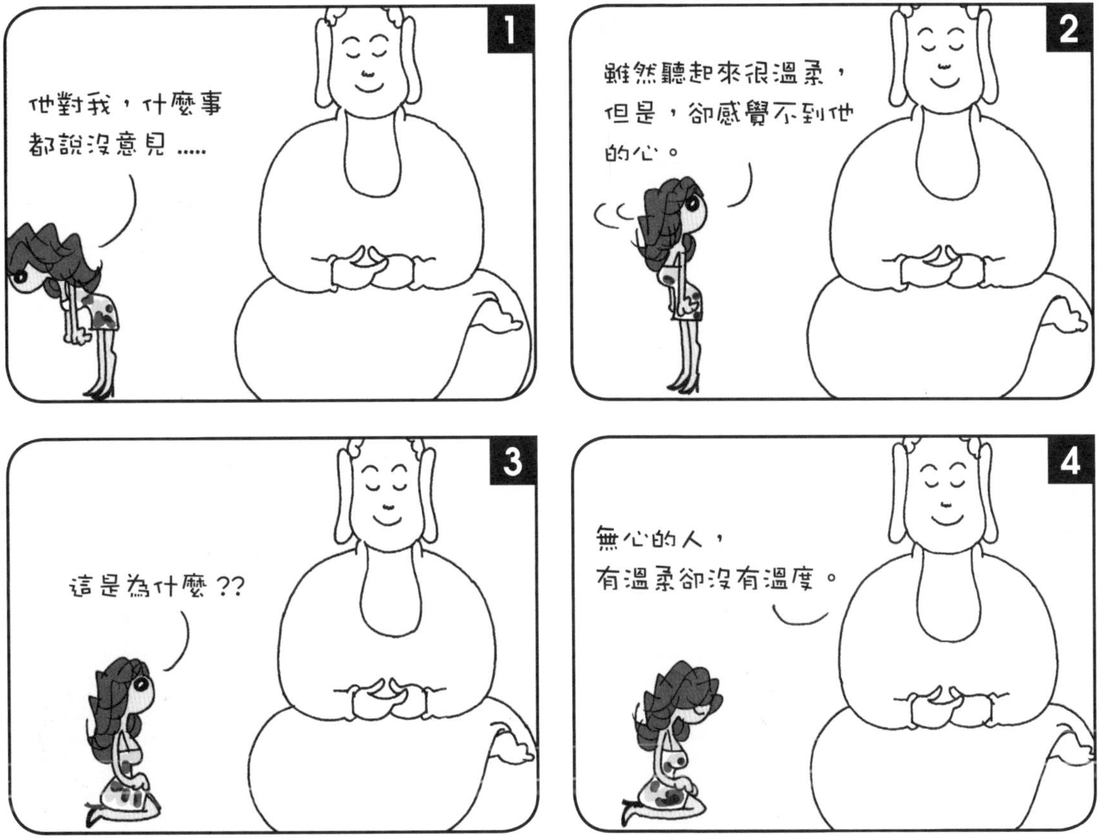
1
他對我，什麼事
都說沒意見 .....
2
雖然聽起來很溫柔，
但是，卻感覺不到他
的心。
3
這是為什麼??
4
無心的人，
有溫柔卻沒有溫度。

087.

容易變心的人，不容易變出真心。

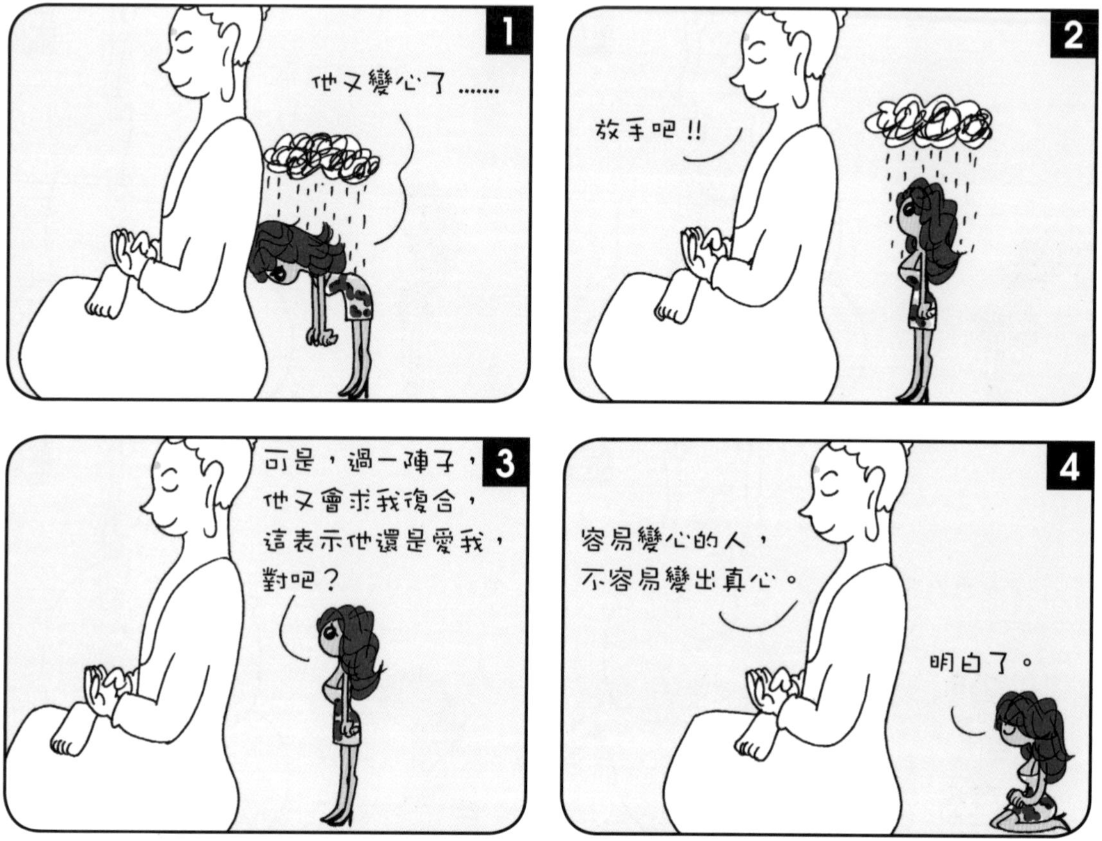

PART 3 愛情消逝後

分岔路

文 /Jeff 陳孝忠

我們就是這麼愛著，恨著，躲在幻想中的世界，不願面對，也不願承認，分離是永不發生的事情。

親愛的，

分手，不是失戀人的專利，而是每個人都要學習的課題，不論愛或不愛，懂得放手，才能明白如何牽手，就像想要怎麼活著，先要學會面對死亡。

失去的痛苦，有時候是因為不甘心就此轉變，更多時候是莫明的被劃下句點，然而，生命中有多少事能隨自己的想法而走，說真的，並不多。這樣的說法，不是要人活在命中註定的框架裡，而是經歷生活，我們必需要有隨順變化的心，才有能力面對心的變化。

當愛情無法繼續時，也許是另外一個好的開始，給緣份一點時間，也給自己喘息的空間，如果讓心安靜，短暫的讓時間停止，不再對於往事追根究底，我們或許能體會愛情為何而來，也能明白為何而去。當然，我們可以反駁，這樣的說法不切實際，任何在分手當下的人，沒有時間冷靜，更沒有決心不想過去。只是，除了傷心以外，為何不能在痛苦中找尋道理，沒人規定分手一定要如何，重要的是，人都能夠在所有事情上有所選擇。

就讓我們選擇一條更寬廣的路，往前行，體會生命裡為何有愛情出現，也體驗為什麼上天如此狠心讓它失去，在這些起起落落的情緒裡，往心裡問自己，什麼是愛情的本來面目？

愛情是一連串變化的現象，有開始一定有結束，不管願不願意，任何時間的失去，都是必然會發生的事，所以，不用執著愛情的節奏必需依照自己的腳步前進，接受事實，才會真正學到愛情給人的禮物。

那是一種提早對生命現象的生死領悟。

分離，是每個人必經之路，這是再自然不過的事，只因貪戀，以為不放手，就能永遠擁有。然而事實上，我們從沒有真正擁有誰，更不會有誰屬於誰，在緣份聚足時，我們相遇，也會在某個時間，緣散而去。

愛情如果是上天最美的安排，那麼在結束這件事情上，一定最為精彩。當緣份不在時，好好的說再見，當了解緣份時，好好的說我們會再見。這是人生最美的時刻，讓它變成豐富自己的養分，也讓分離這件事，變成下次相遇最好的起點。

雖然就此走上分岔路，我們會懷念此刻的勇敢，我們珍惜好不容易的相遇，讓這段記憶充滿意義，就是讓它變得溫暖而美麗。在愛情裡跌跌撞撞，好不容易撐過無數傷心的夜晚，對於傷心，已不再是個問題，所以，如果已經在愛裡盡力，我們就擁有重生的能力，也就不用再害怕什麼了。

結束絕對是另一個重新的開始，如果非要面對分離，那就記得保持善意的心，當它是人生最美的轉彎處，在事過境遷之後回首今日之時，我們會感謝現在所有的經歷。

親愛的，

某年某月的某一天，當我們回想起一張似曾相識的臉，在記憶裡，最讓人深刻印象的，不是別人，而是曾經為愛而努力的自己。

088.

不願讓人看見的傷心，才是真傷心。

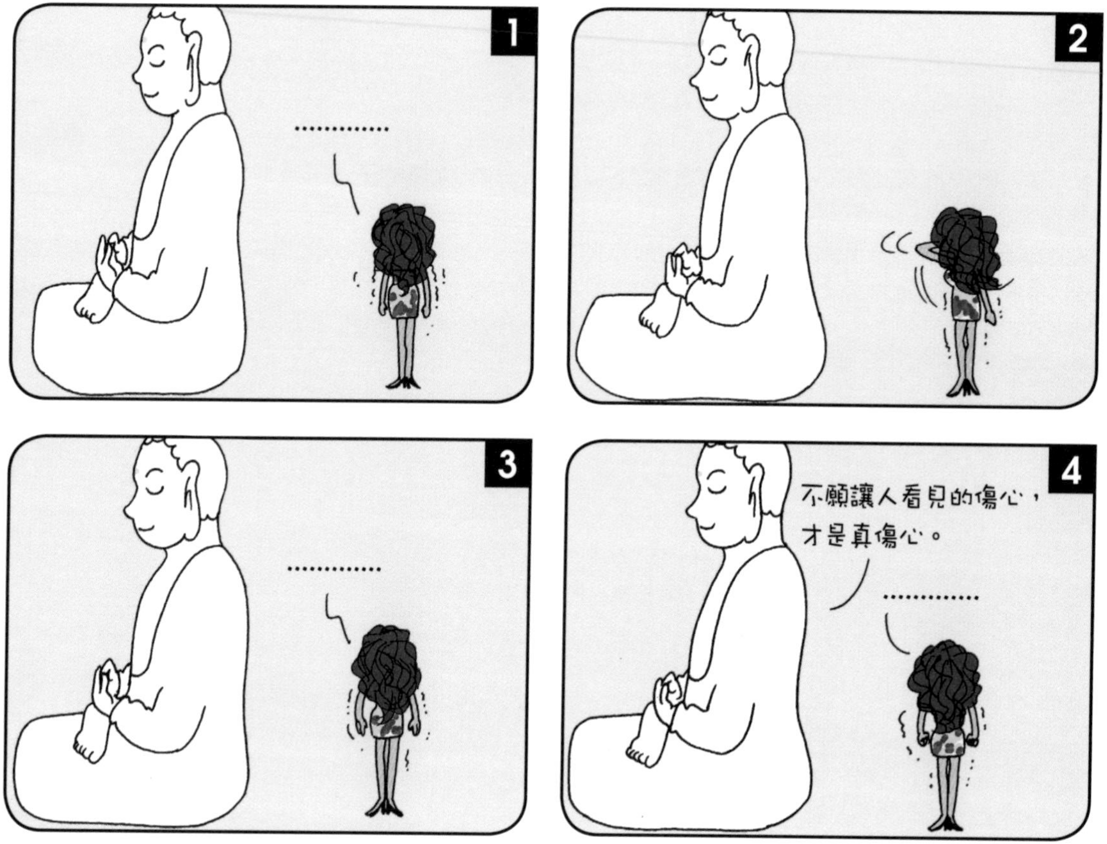

089.

所謂對的人，是對你好的人。

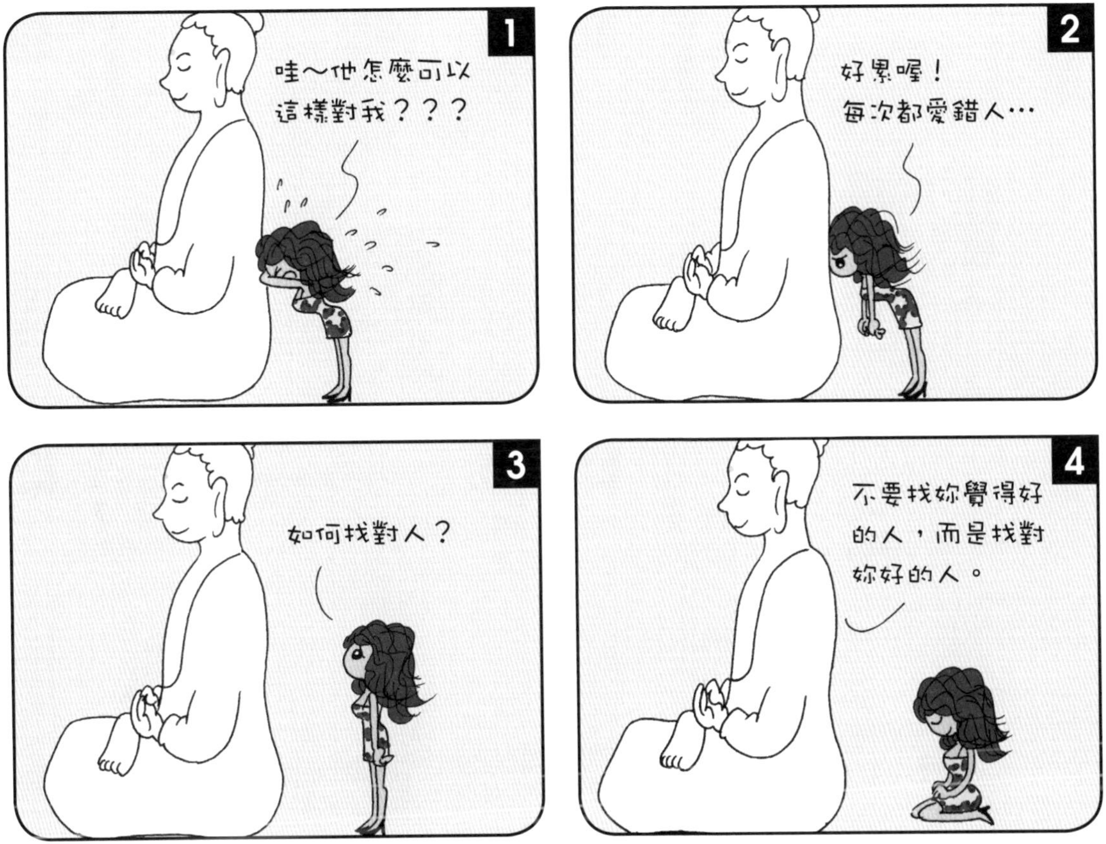
1
哇～他怎麼可以這樣對我？？？
2
好累喔！每次都愛錯人…
3
如何找對人？
4
不要找妳覺得好的人，而是找對妳好的人。

090.

堅強的人，知道自己有懦弱的時候，
真心的人，知道自己有再愛的時候。

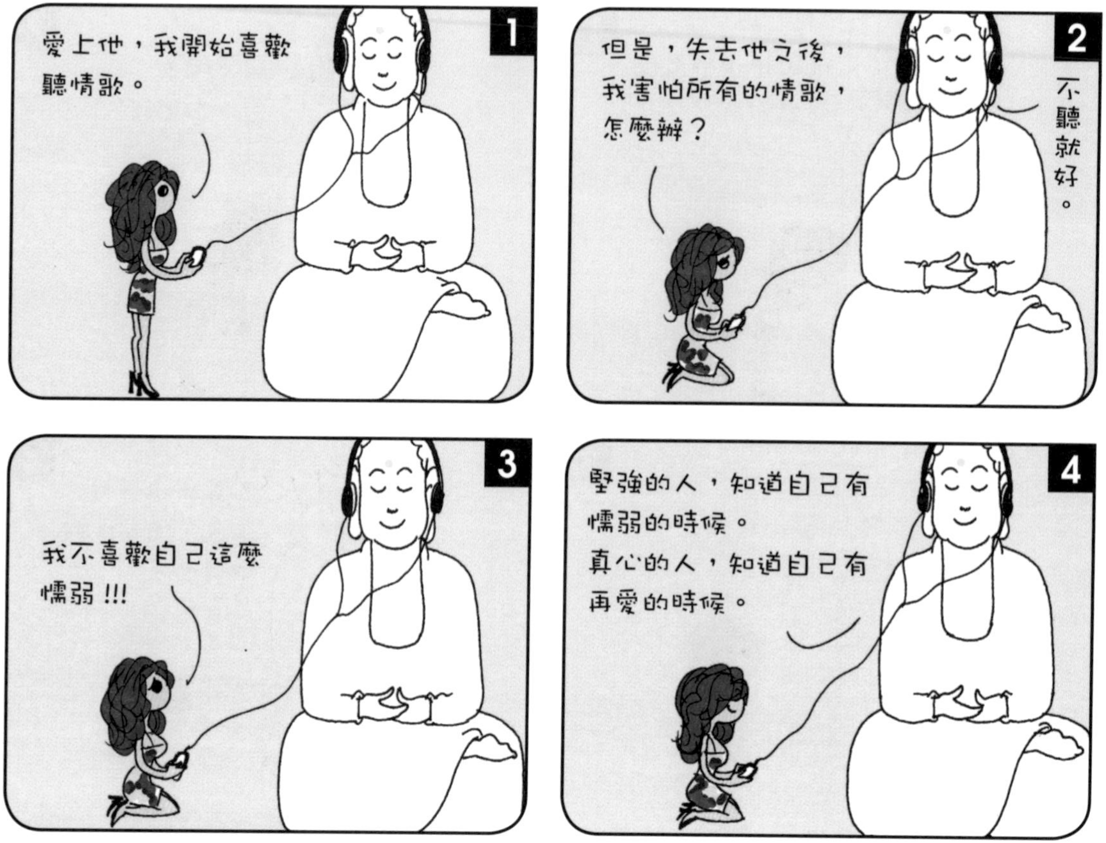
1
愛上他，我開始喜歡聽情歌。
2
但是，失去他之後，我害怕所有的情歌，怎麼辦？
不聽就好。
3
我不喜歡自己這麼懦弱!!!
4
堅強的人，知道自己有懦弱的時候。真心的人，知道自己有再愛的時候。

091.

害怕，無法改變分離，不怕，過程都會美麗。

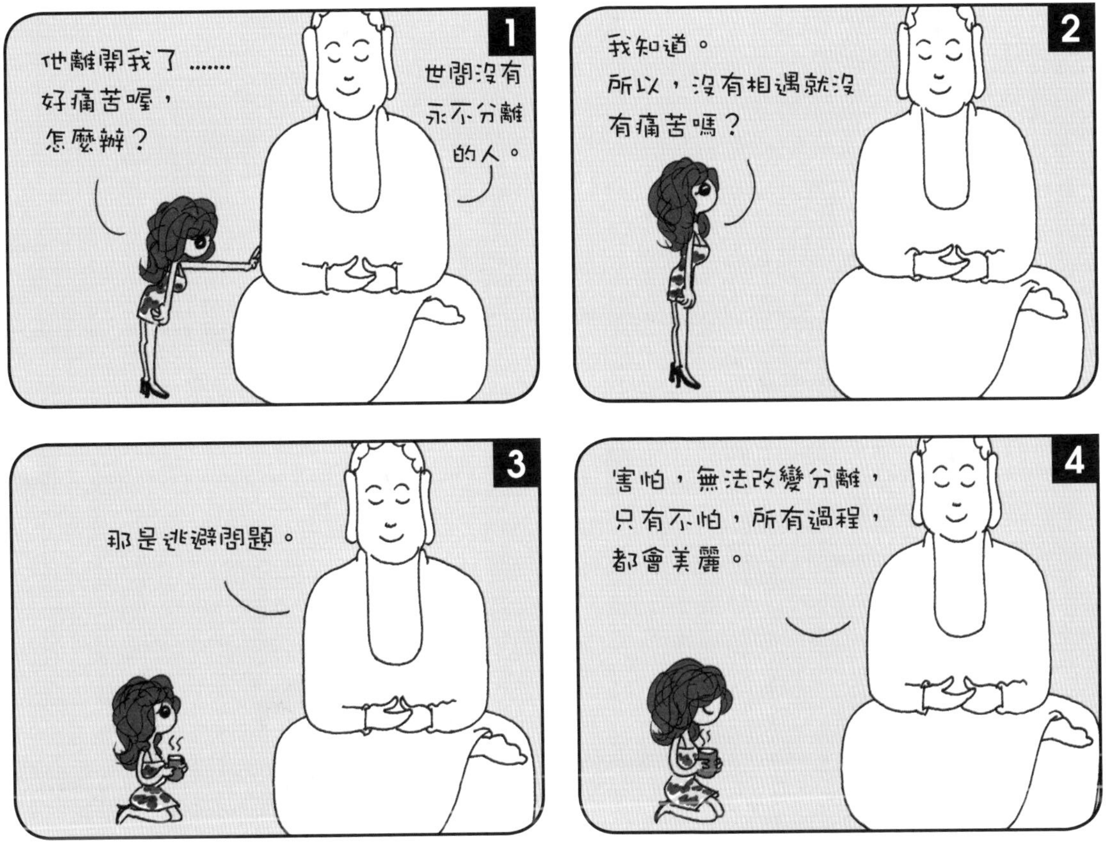
他離開我了……
好痛苦喔，
怎麼辦？
世間沒有
永不分離
的人。
我知道。
所以，沒有相遇就沒
有痛苦嗎？
那是逃避問題。
害怕，無法改變分離，
只有不怕，所有過程，
都會美麗。

092.

愛情裡，越想贏，越會失去真情。

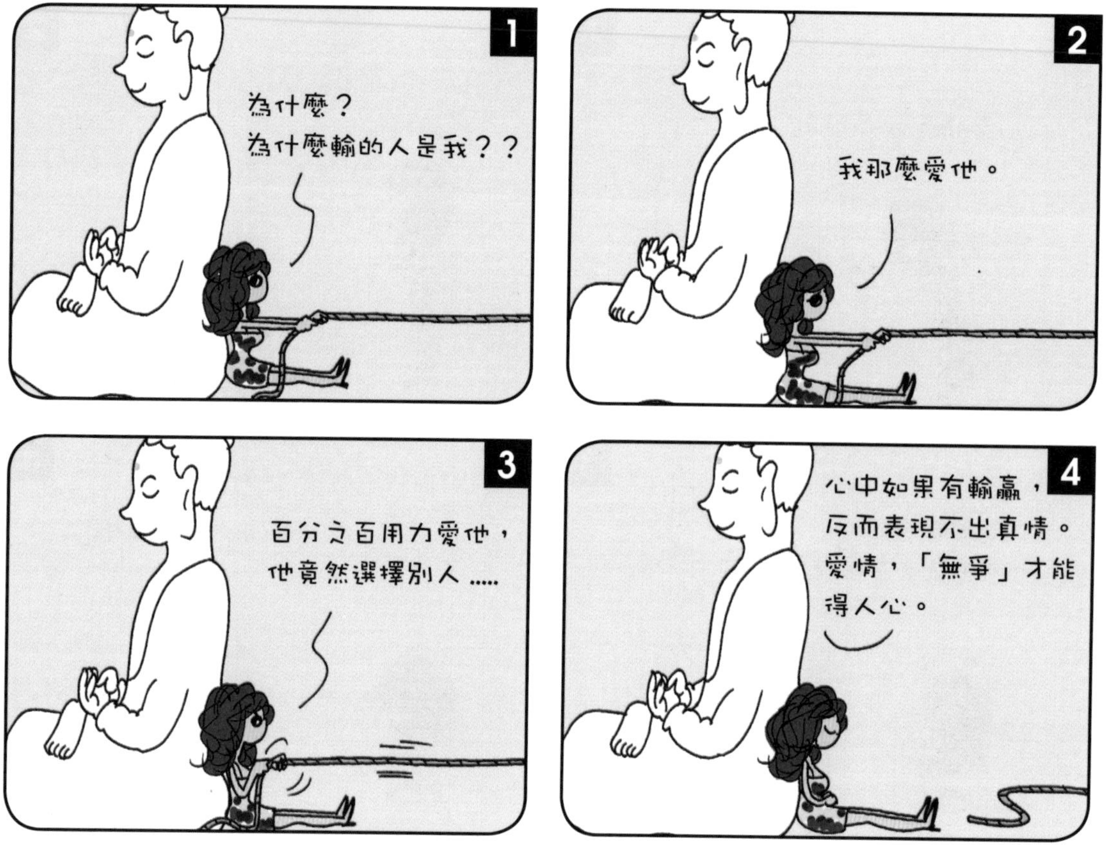
1
為什麼？
為什麼輸的人是我？？
2
我那麼愛他。
3
百分之百用力愛他，
他竟然選擇別人……
4
心中如果有輸贏，
反而表現不出真情。
愛情，「無爭」才能
得人心。

093.

失戀只會傷心一陣子，不會痛苦一輩子。

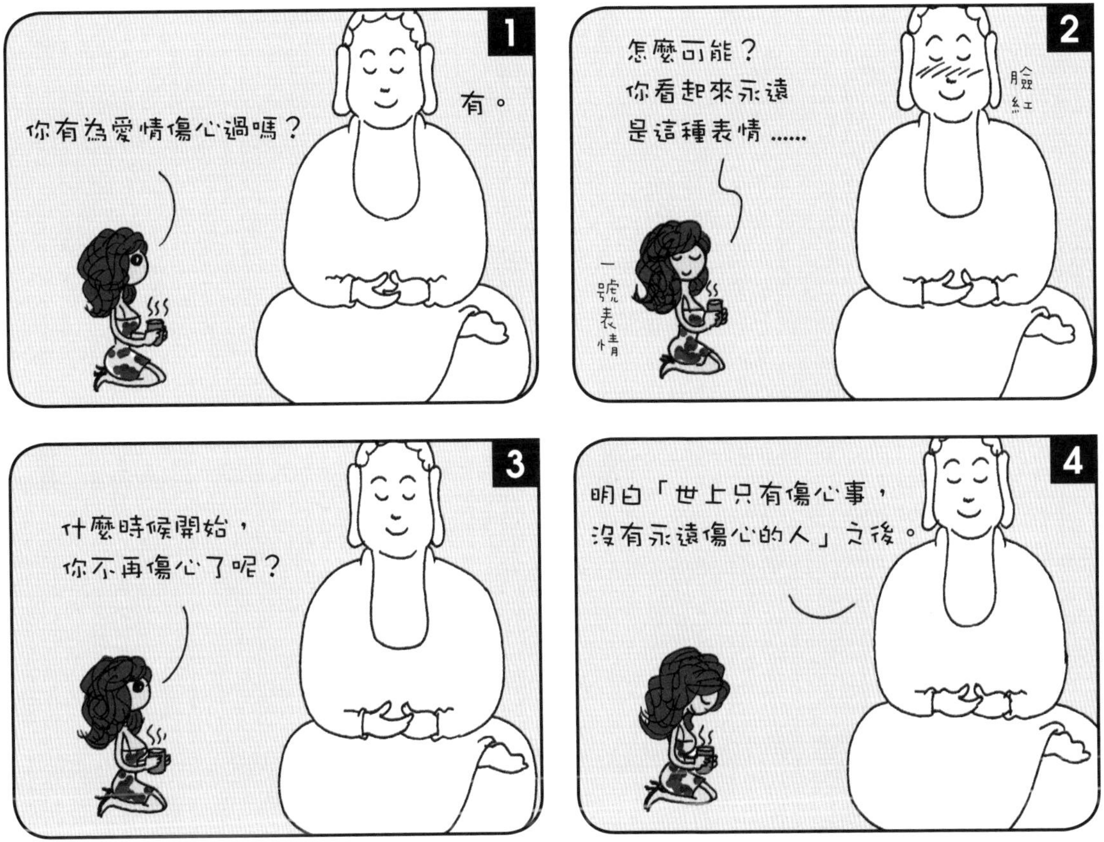
你有為愛情傷心過嗎？
有。
怎麼可能？
你看起來永遠
是這種表情……
臉紅
一號表情
什麼時候開始，
你不再傷心了呢？
明白「世上只有傷心事，
沒有永遠傷心的人」之後。

094.

不曾經歷失去，人永遠不會懂珍惜。

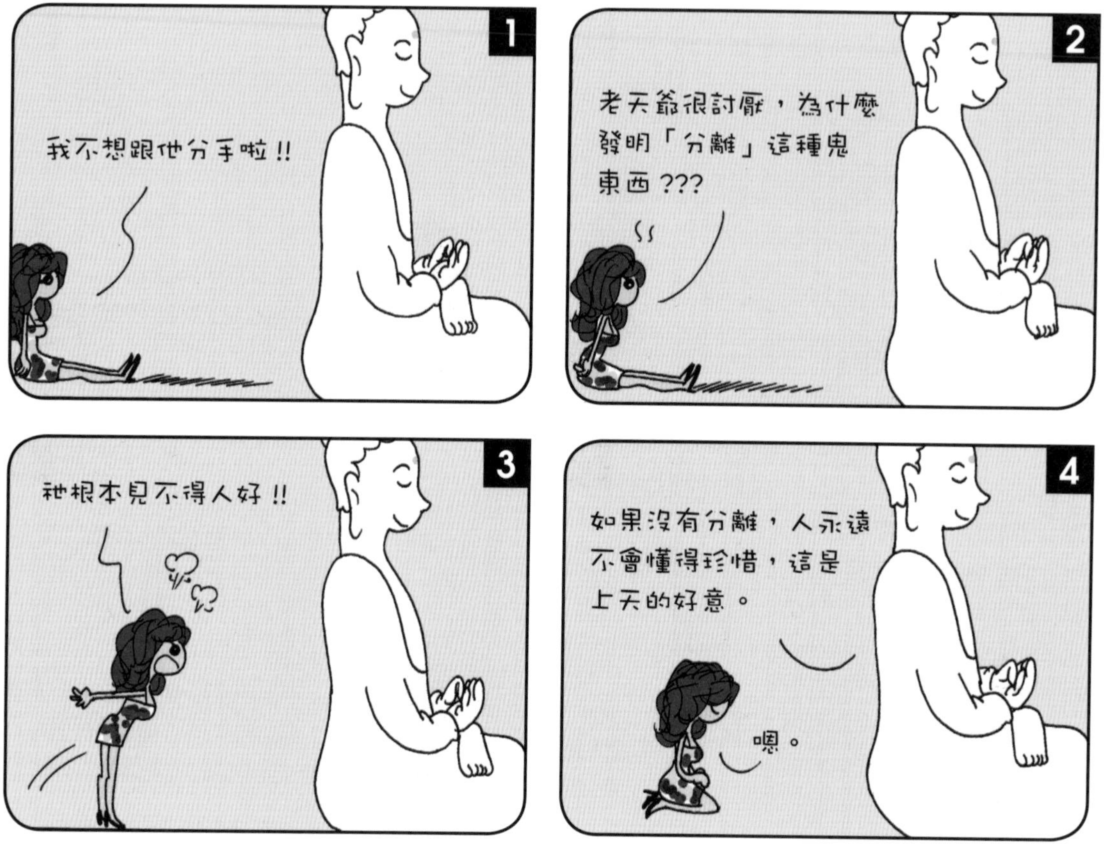
我不想跟他分手啦!!
老天爺很討厭，為什麼發明「分離」這種鬼東西???
祂根本見不得人好!!
如果沒有分離，人永遠不會懂得珍惜，這是上天的好意。
嗯。

095.

不必為不愛你的人傷心，要為愛你的人保持開心。

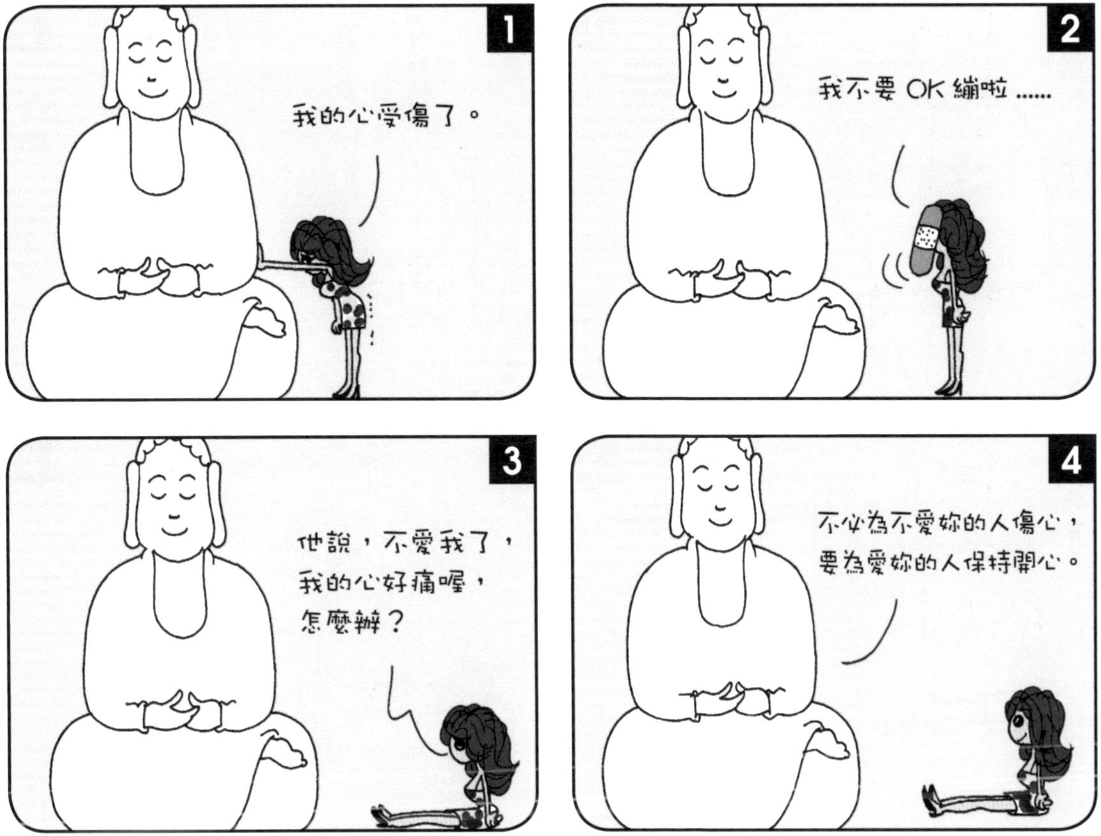
我的心受傷了。
我不要 OK 繃啦……
他說，不愛我了，
我的心好痛喔，
怎麼辦？
不必為不愛妳的人傷心，
要為愛妳的人保持開心。

096.

給悲傷出口，快樂才會有入口。

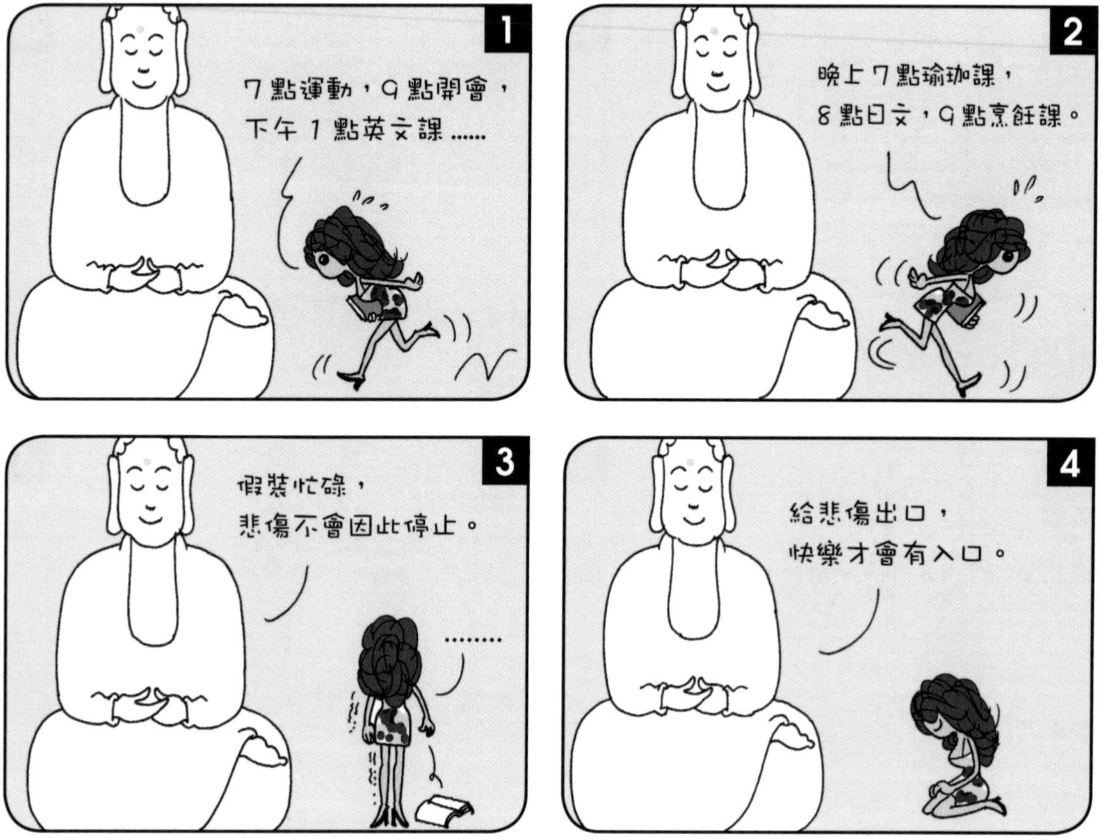
7點運動，9點開會，
下午1點英文課……
晚上7點瑜珈課，
8點日文，9點烹飪課。
假裝忙碌，
悲傷不會因此停止。
………
給悲傷出口，
快樂才會有入口。

097.

愛情不必太聰明，聰明得不到愛情。

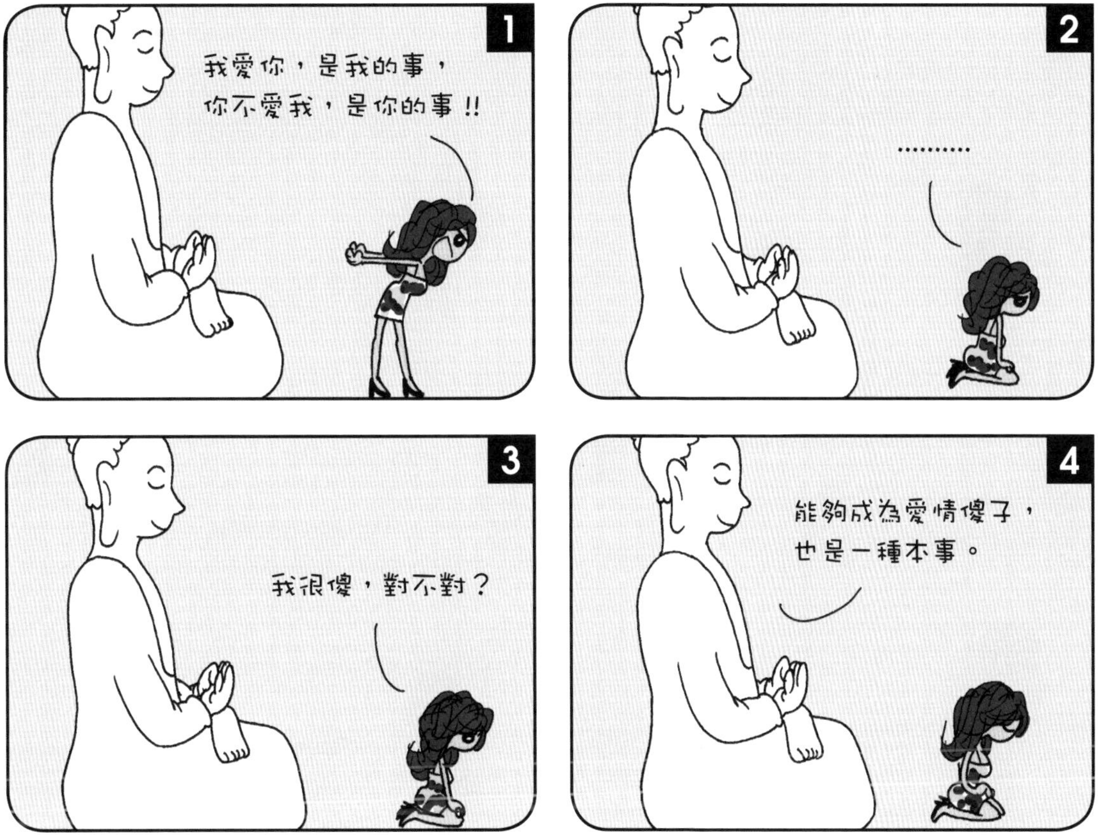
我愛你，是我的事，
你不愛我，是你的事!!
…………
我很傻，對不對？
能夠成為愛情傻子，
也是一種本事。

098.

當你不再問起，你就不再想起。

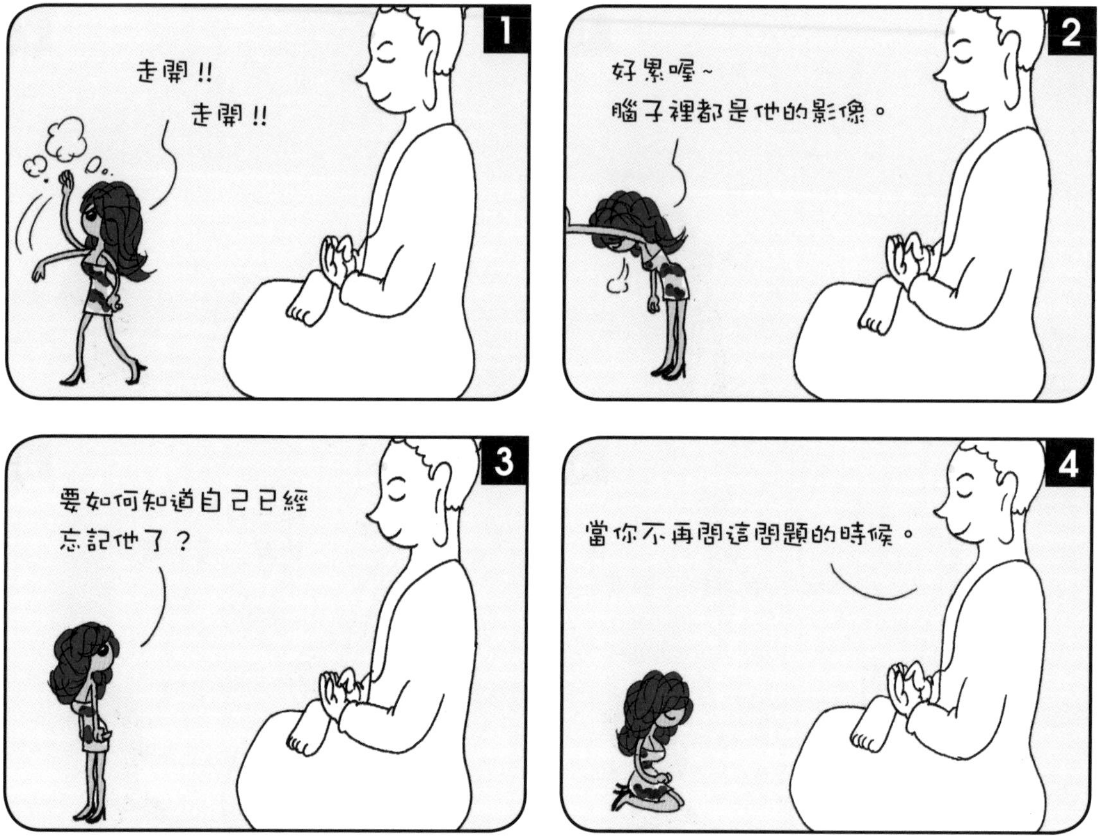
走開!!
走開!!
好累喔~
腦子裡都是他的影像。
要如何知道自己已經忘記他了？
當你不再問這問題的時候。

099.

沒有不變的事，也沒有不可變的事。

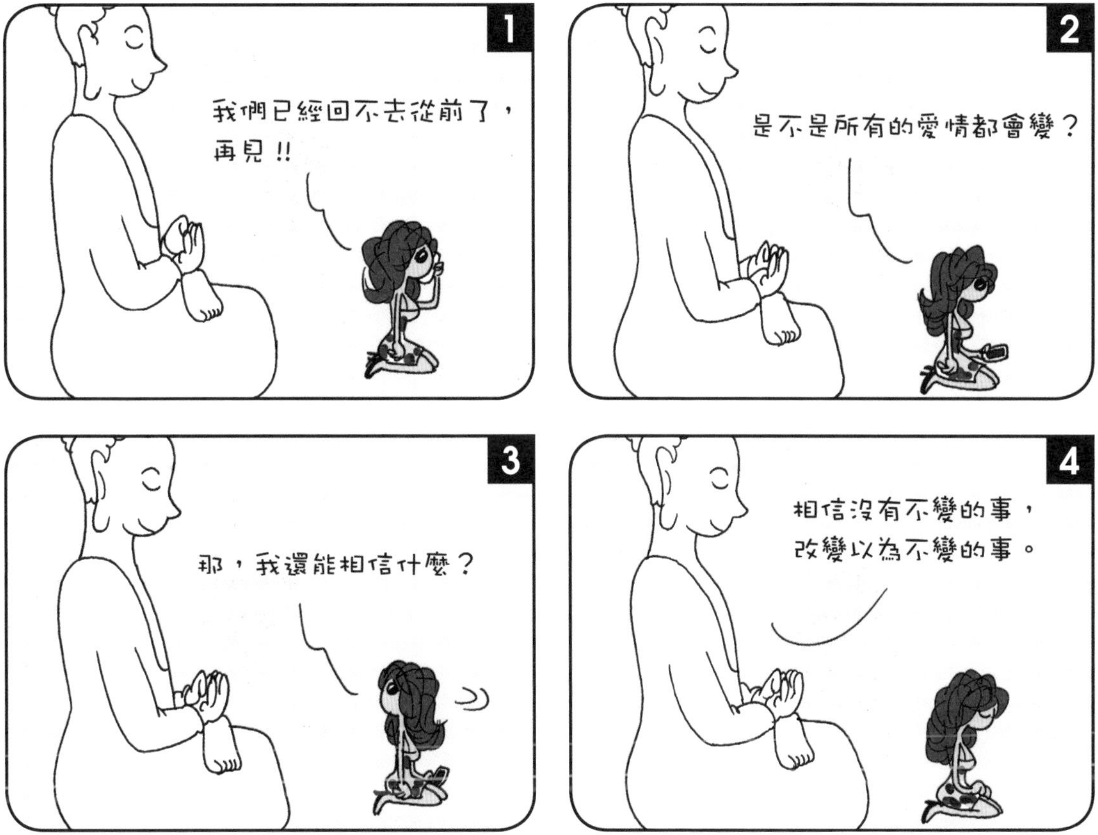
1
我們已經回不去從前了，
再見!!
2
是不是所有的愛情都會變？
3
那，我還能相信什麼？
4
相信沒有不變的事，
改變以為不變的事。

100.

因為死心，所以平常心。

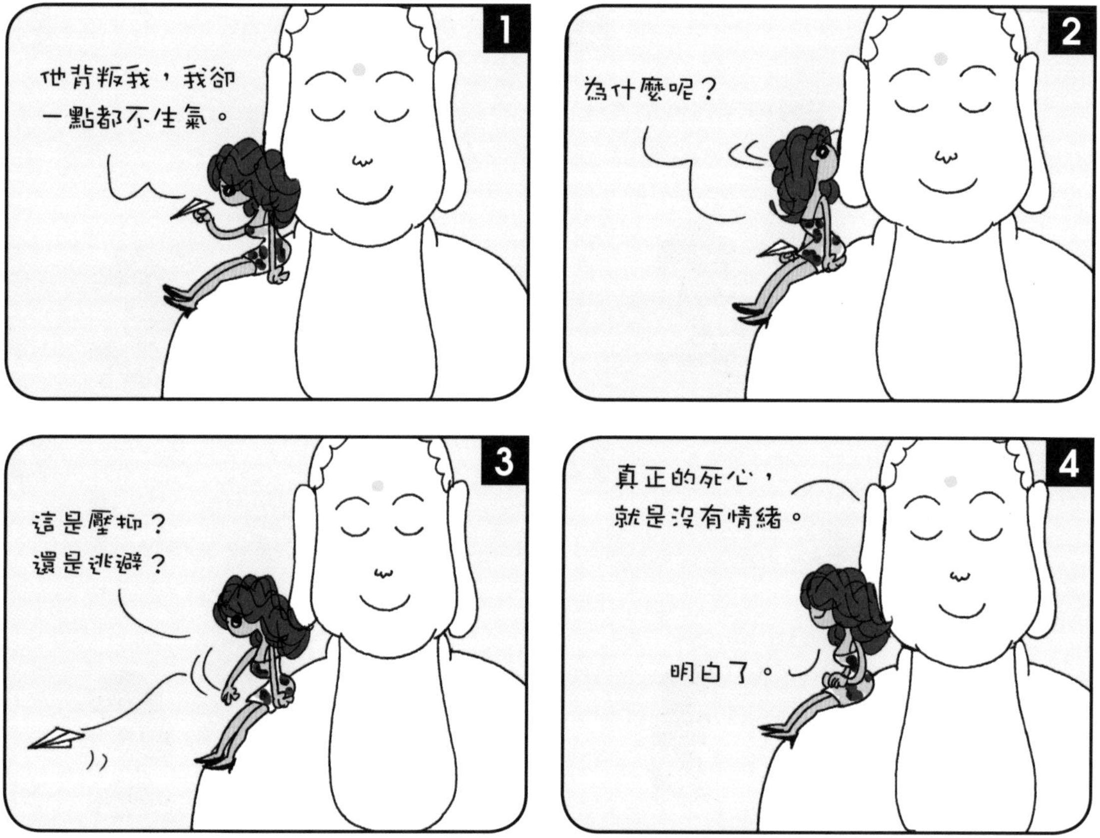
1
他背叛我，我卻
一點都不生氣。
2
為什麼呢？
3
這是壓抑？
還是逃避？
4
真正的死心，
就是沒有情緒。
明白了。

即使在煩惱中，也要保持溫暖他人的心，

善意，可以化解失意。

101.

愛情能讓人在悲歡離合中，找到新的自己。

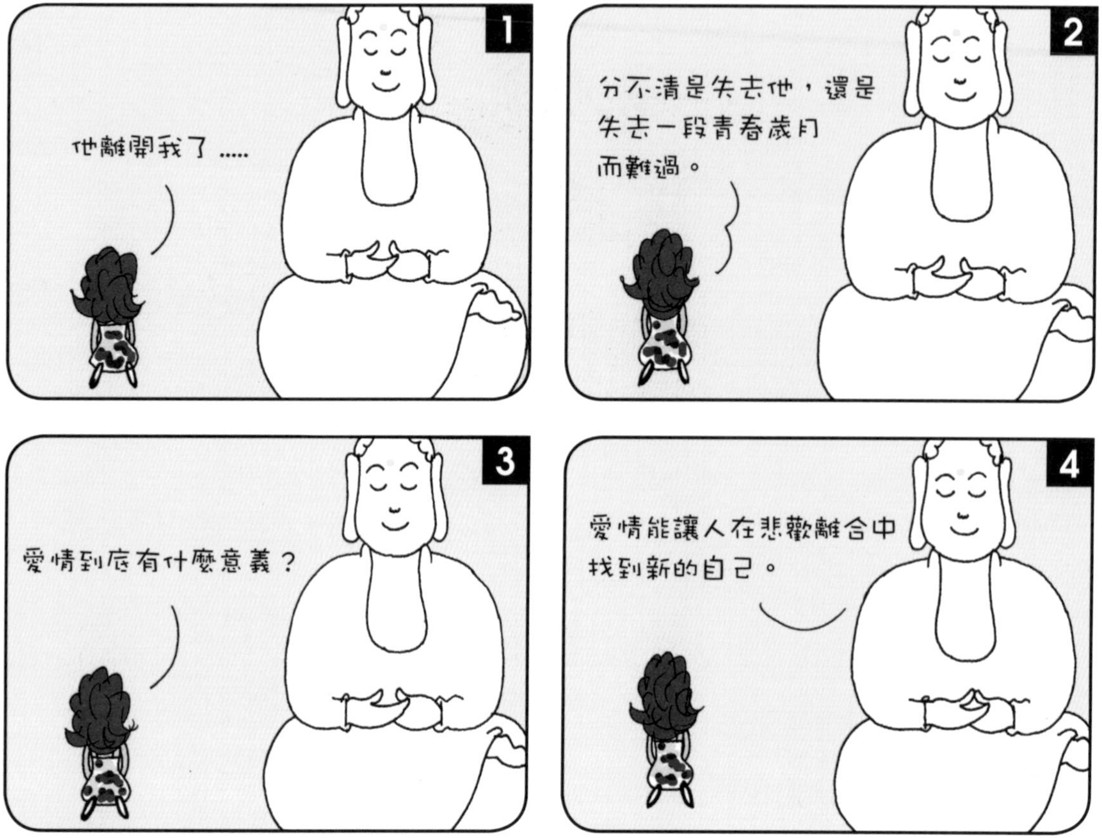
1
他離開我了……
2
分不清是失去他，還是失去一段青春歲月而難過。
3
愛情到底有什麼意義？
4
愛情能讓人在悲歡離合中找到新的自己。

102.

保持好元氣，才會有好運氣。

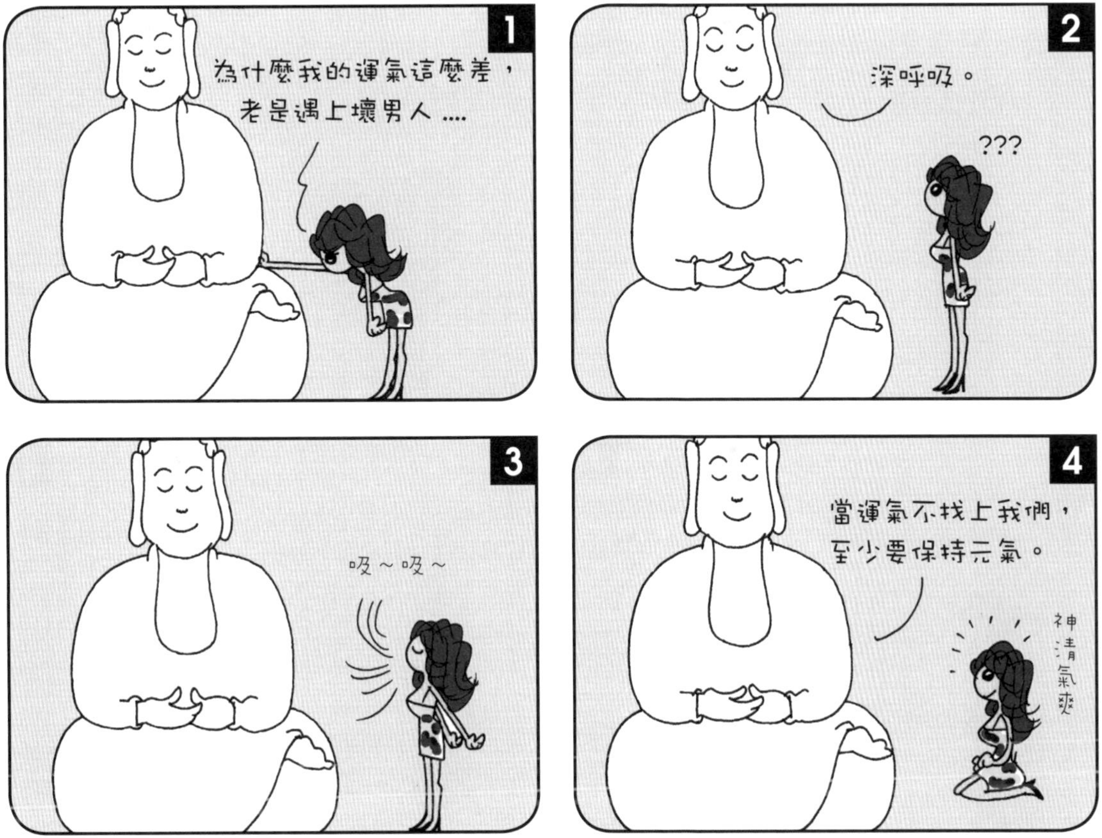

為什麼我的運氣這麼差，
老是遇上壞男人....
深呼吸。
???
吸～吸～
當運氣不找上我們，
至少要保持元氣。
神清氣爽

103.

聽見心，才能放下心。

過去的愛情讓我不快樂。
直到現在，還是感到傷心。
我不知道如何「放下」??
聽見自己的心聲，
就是「放下」的開始。

104.

對惡意不回應，就是最好的反應。

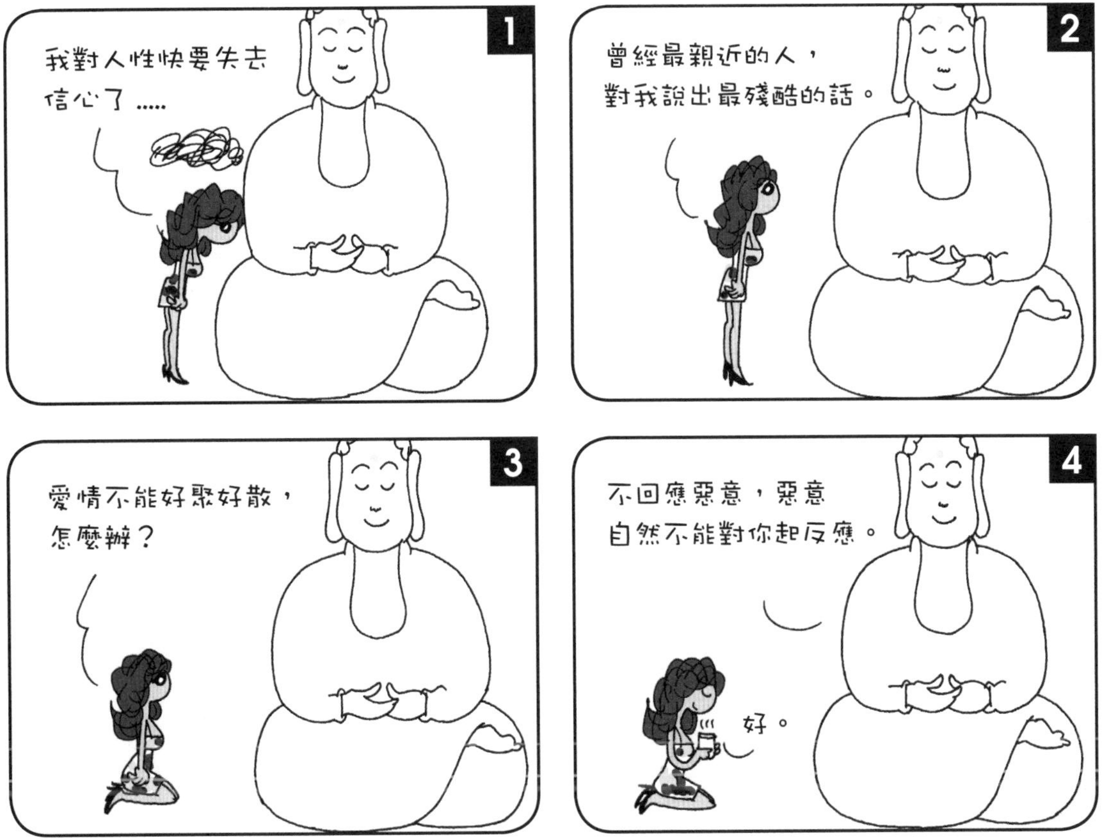

1
我對人性快要失去信心了……
2
曾經最親近的人，對我說出最殘酷的話。
3
愛情不能好聚好散，怎麼辦？
4
不回應惡意，惡意自然不能對你起反應。
好。

105.

愛情無法繼續，沒有誰不好，只是在錯的時間遇上不對的人。

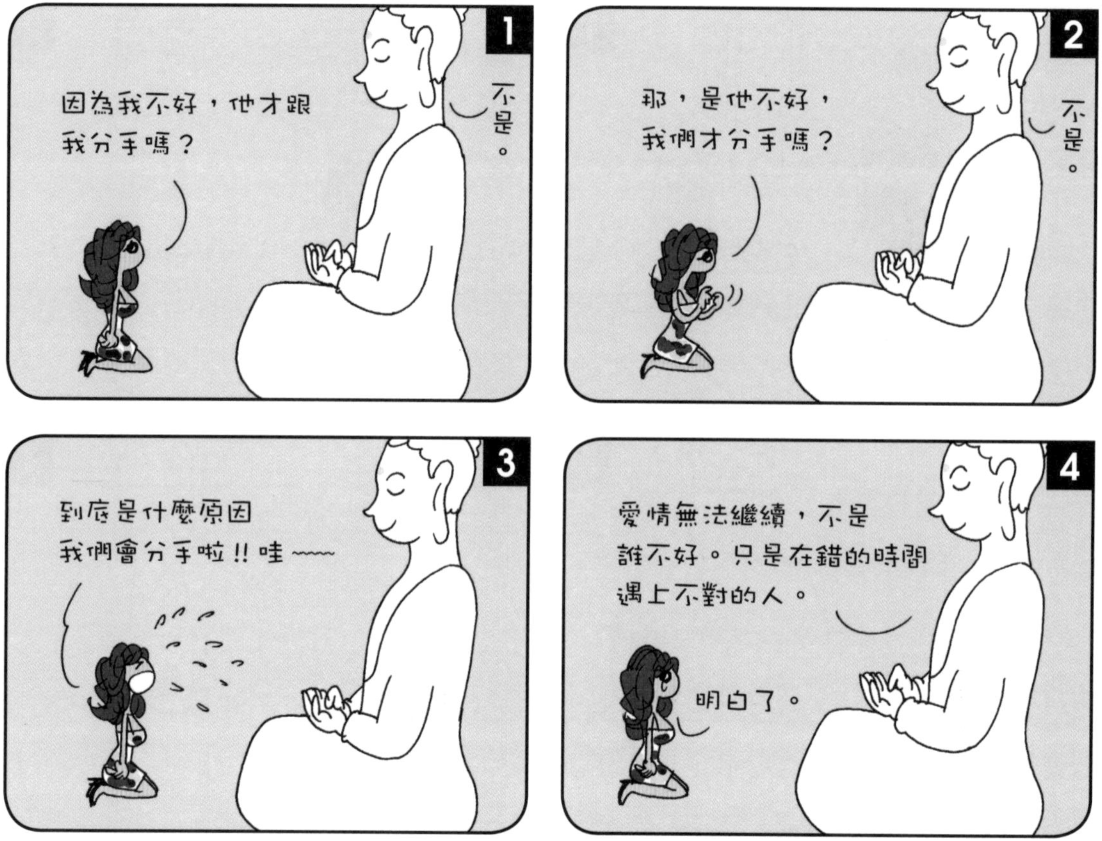
因為我不好，他才跟我分手嗎？
不是。
那，是他不好，我們才分手嗎？
不是。
到底是什麼原因我們會分手啦!! 哇~~~
愛情無法繼續，不是誰不好。只是在錯的時間遇上不對的人。
明白了。

106.

先安定心情，再處理事情。

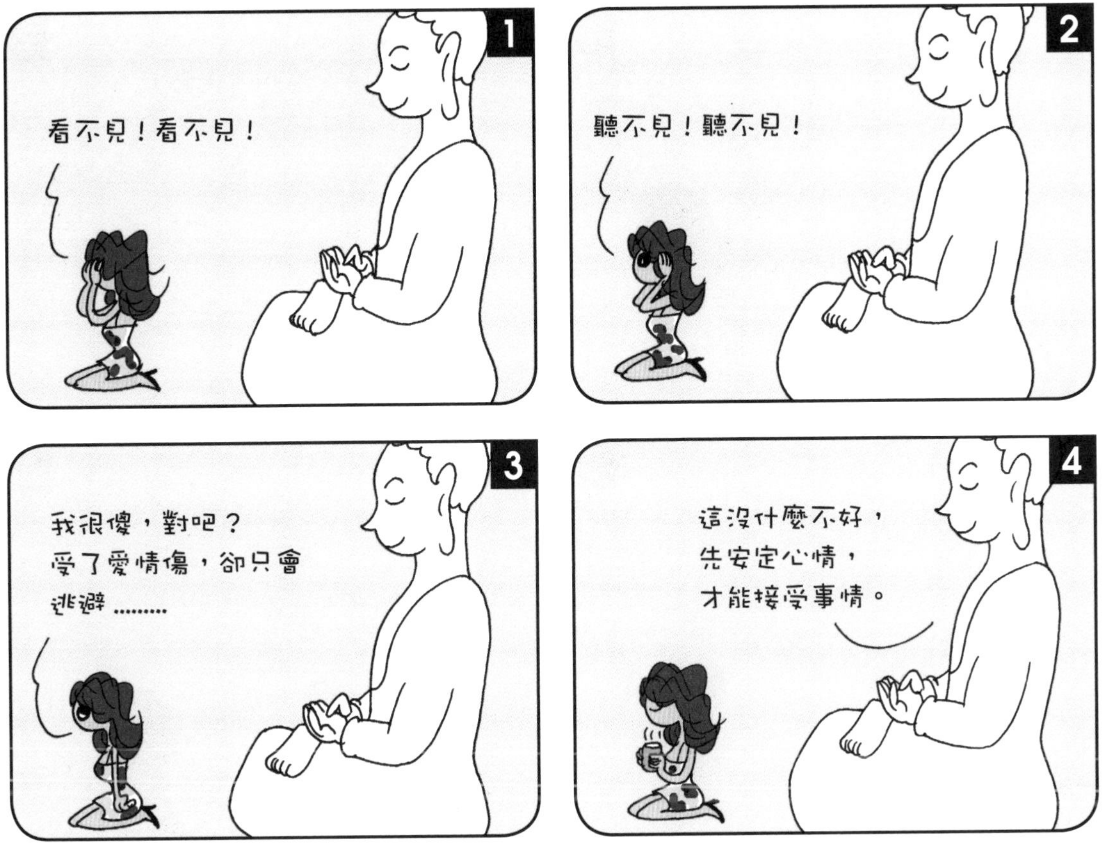
1
看不見！看不見！
2
聽不見！聽不見！
3
我很傻，對吧？
受了愛情傷，卻只會
逃避.........
4
這沒什麼不好，
先安定心情，
才能接受事情。

107.

以安靜回應不理性，用平常心保護理性。

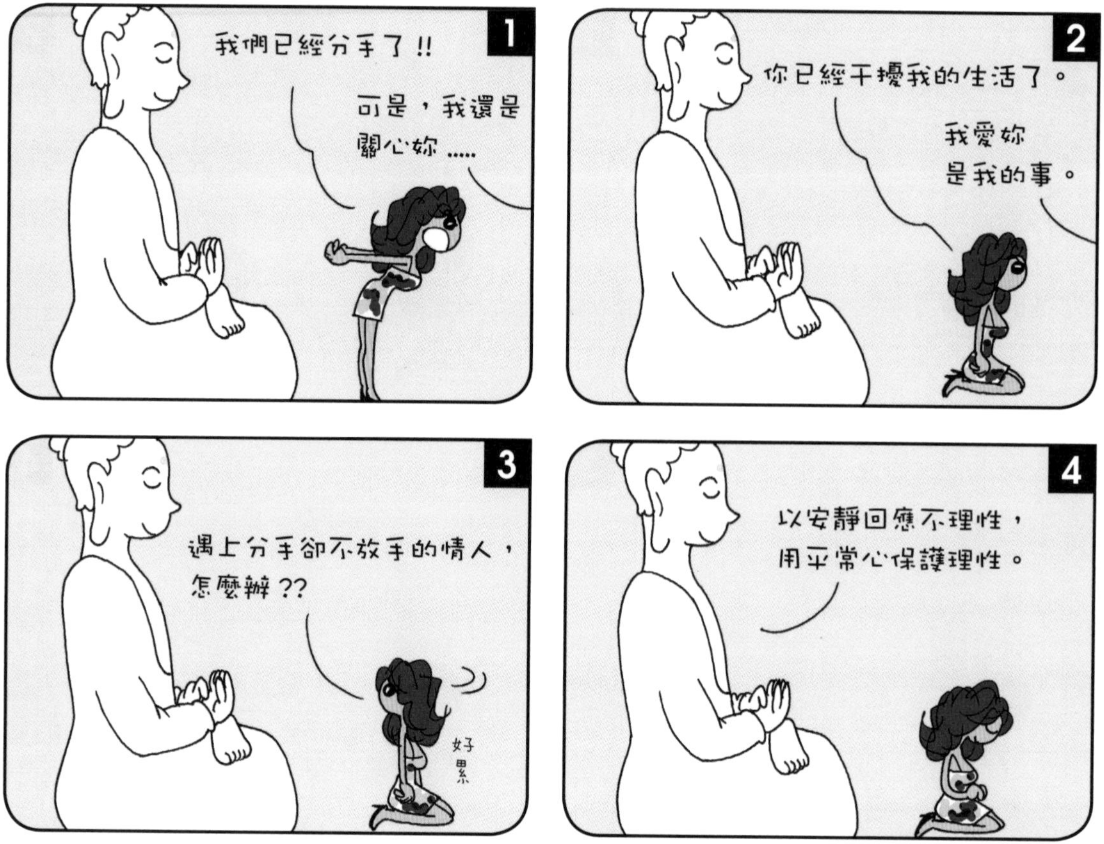
1
我們已經分手了!!
可是，我還是關心妳.....
2
你已經干擾我的生活了。
我愛妳是我的事。
3
遇上分手卻不放手的情人，怎麼辦??
好累
4
以安靜回應不理性，
用平常心保護理性。

108.

不負責的人，永遠不會感謝你的自責。

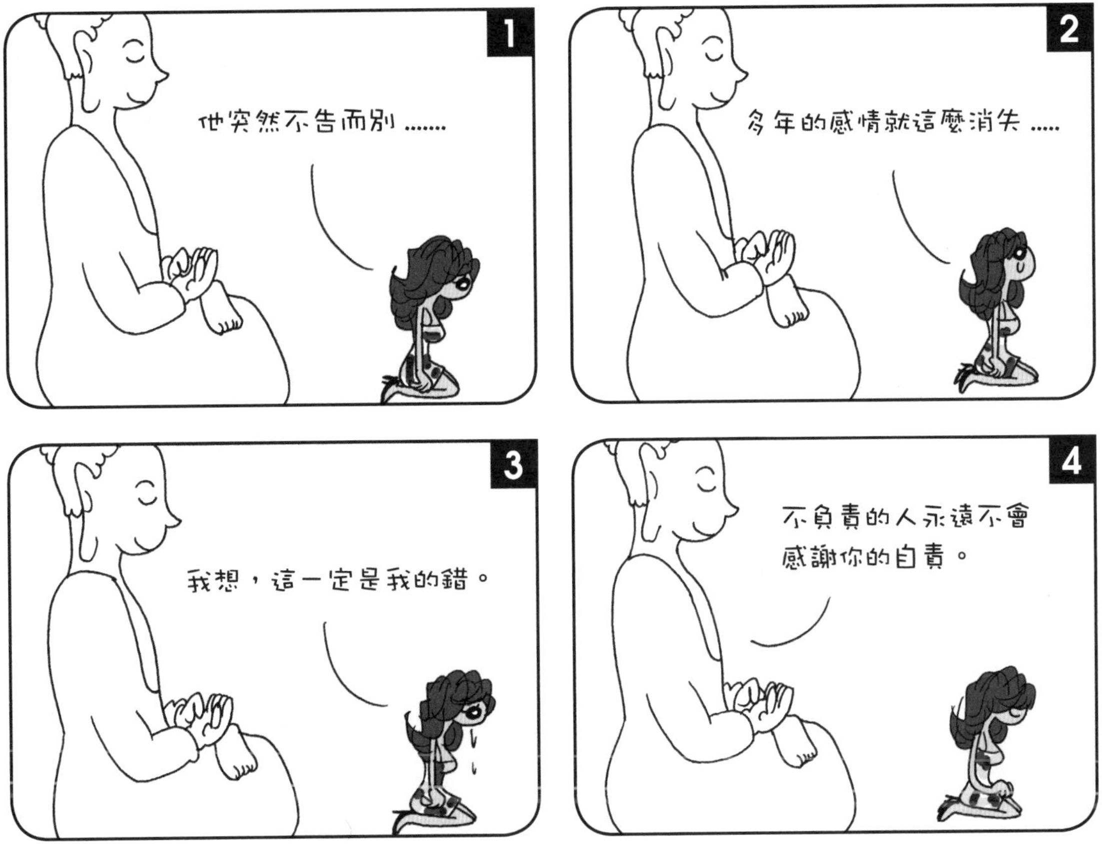
1
他突然不告而別……
2
多年的感情就這麼消失……
3
我想，這一定是我的錯。
4
不負責的人永遠不會感謝你的自責。

109.

結束一段關係，沒有了愛意，也要沒有敵意。

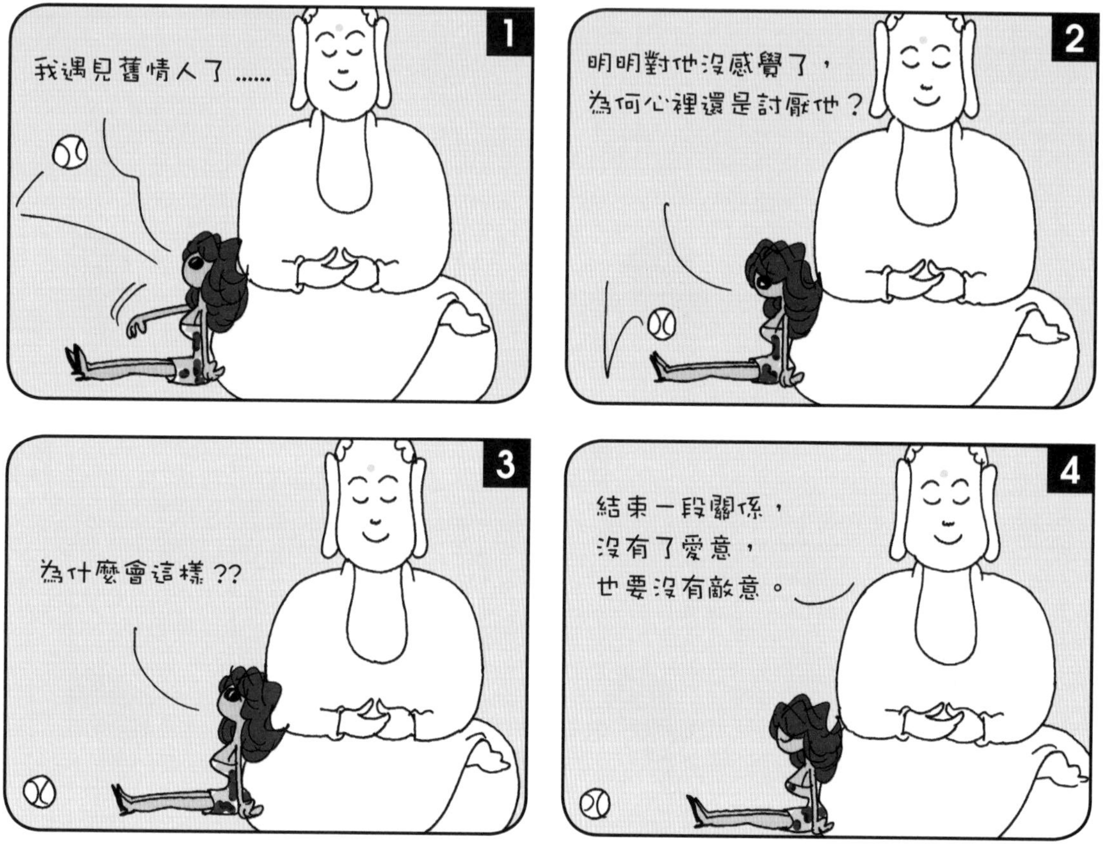
1
我遇見舊情人了……
2
明明對他沒感覺了，
為何心裡還是討厭他？
3
為什麼會這樣？？
4
結束一段關係，
沒有了愛意，
也要沒有敵意。

愛情，「問、答」兩字而已。
問出對方苦，答對他的心。

110.

不需安慰時，就能重新開始。

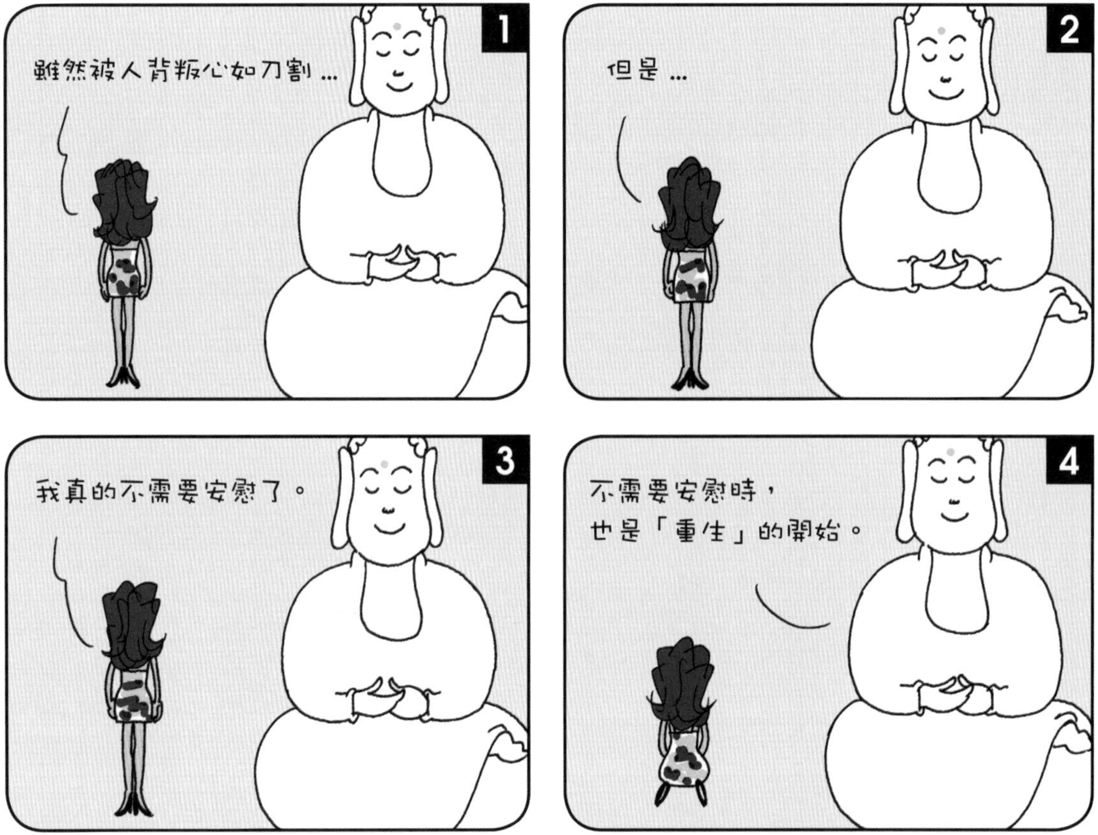
1
雖然被人背叛心如刀割…
2
但是…
3
我真的不需要安慰了。
4
不需要安慰時，
也是「重生」的開始。

111.

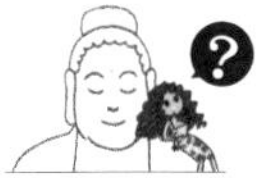

成熟的愛是不被傷害，也不造成傷害。

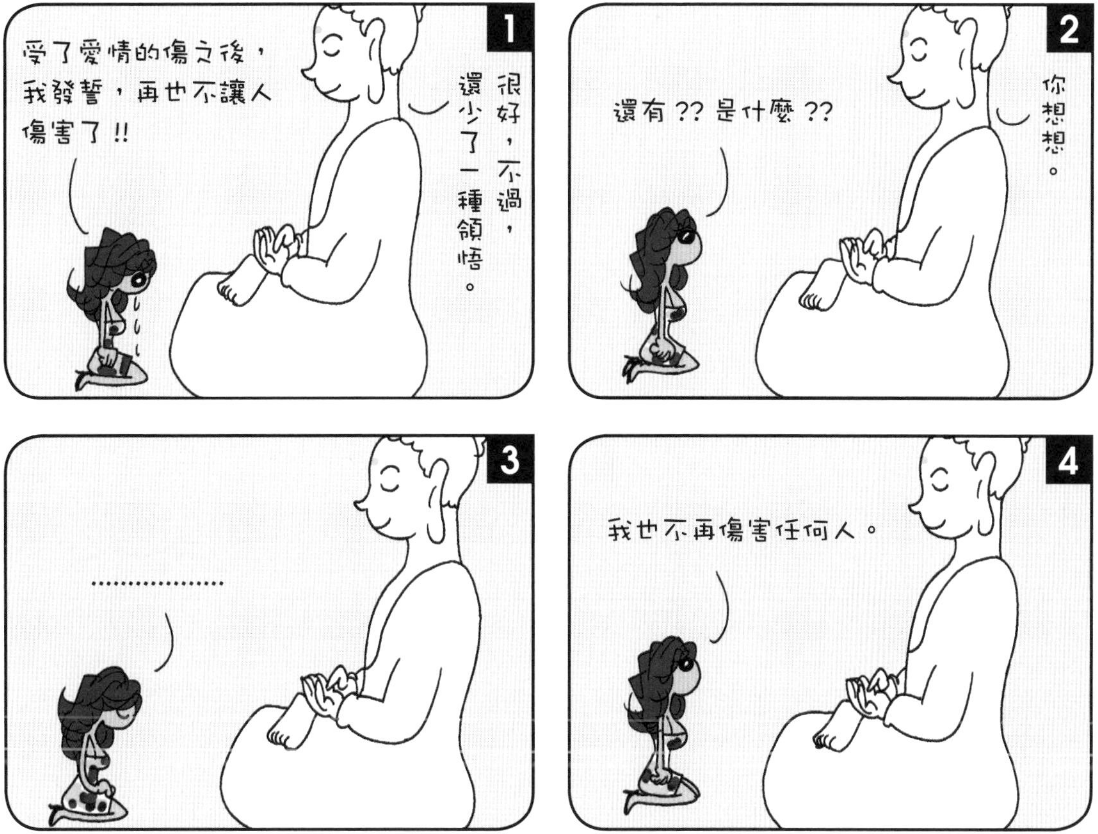
受了愛情的傷之後，我發誓，再也不讓人傷害了!!
很好，不過，還少了一種領悟。
還有??是什麼??
你想想。
....
我也不再傷害任何人。

112.

愛情難免會傷心，但別傷自尊。

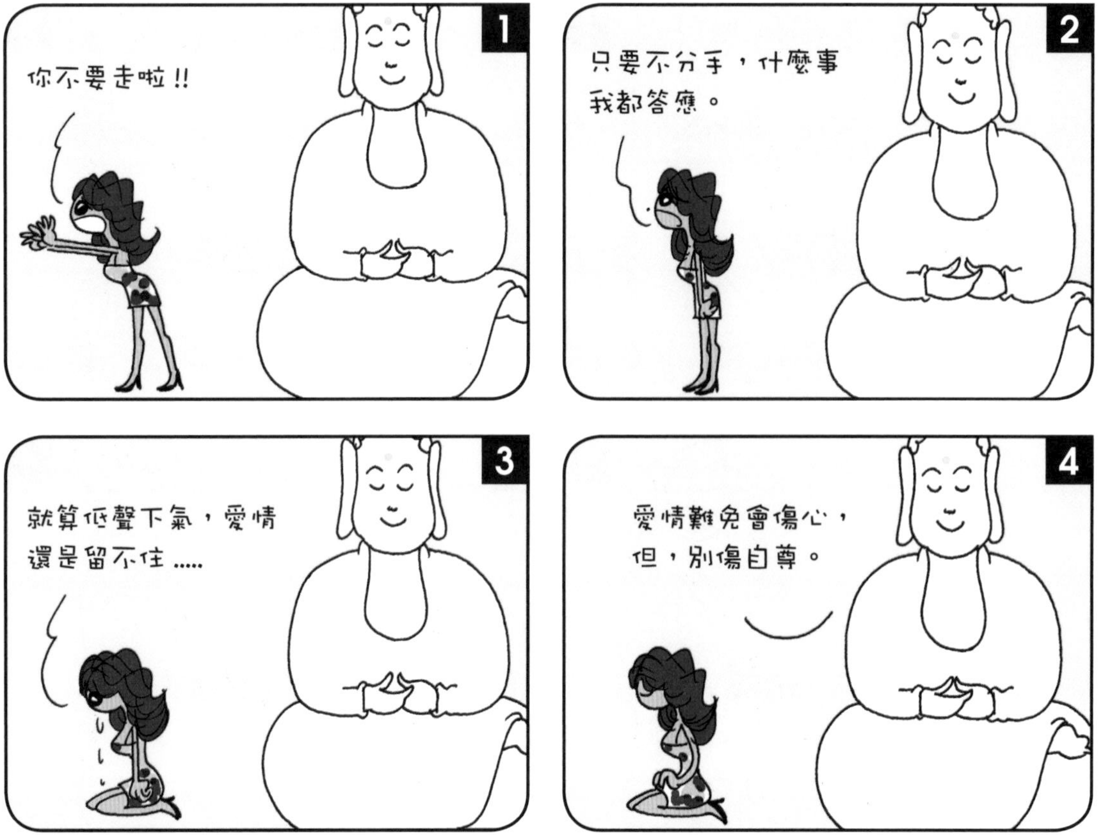
1
你不要走啦!!
2
只要不分手，什麼事
我都答應。
3
就算低聲下氣，愛情
還是留不住.....
4
愛情難免會傷心，
但，別傷自尊。

113.

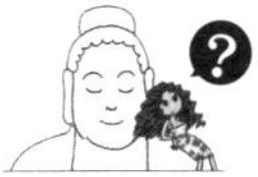

放下事，心裡才會容下人。

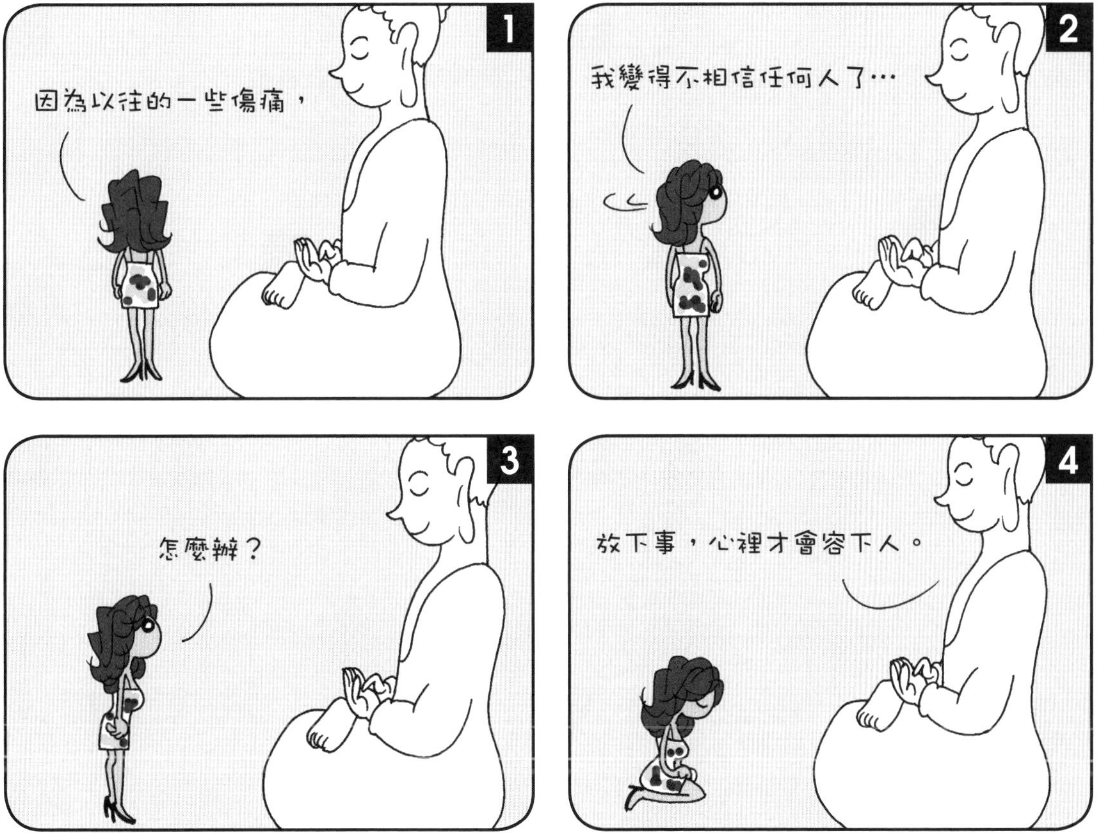
1
因為以往的一些傷痛，
2
我變得不相信任何人了…
3
怎麼辦？
4
放下事，心裡才會容下人。

114.

自愛，自有人愛。

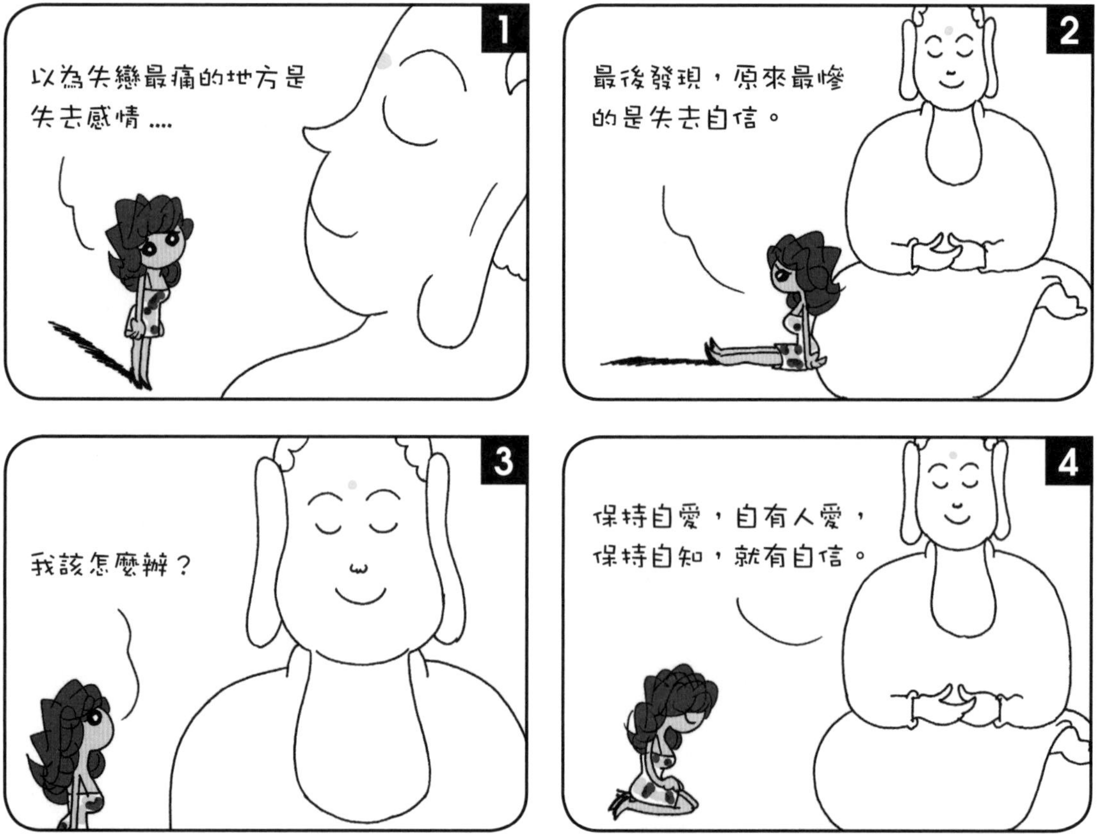
以為失戀最痛的地方是
失去感情....
最後發現，原來最慘
的是失去自信。
我該怎麼辦？
保持自愛，自有人愛，
保持自知，就有自信。

115.

離開愛情會心痛，離開錯誤則輕鬆。

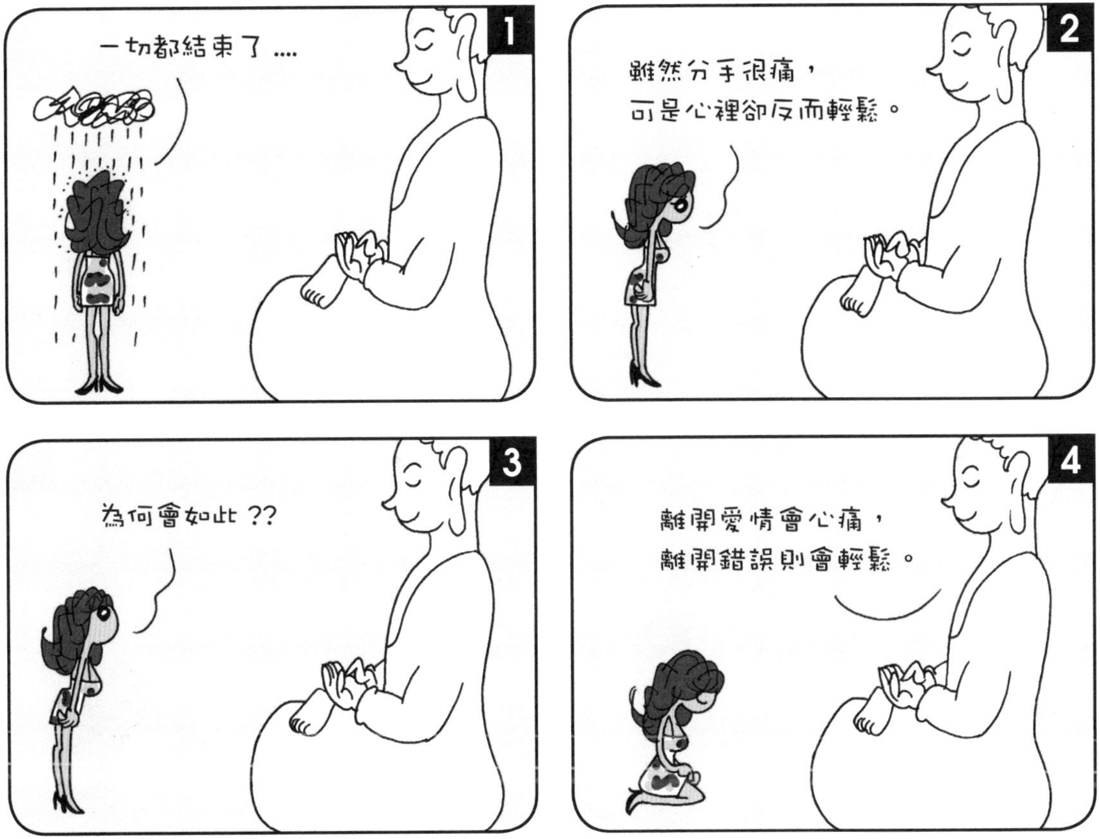
1
一切都結束了....
2
雖然分手很痛，
可是心裡卻反而輕鬆。
3
為何會如此??
4
離開愛情會心痛，
離開錯誤則會輕鬆。

116.

幸災樂禍不會讓人離苦得樂。

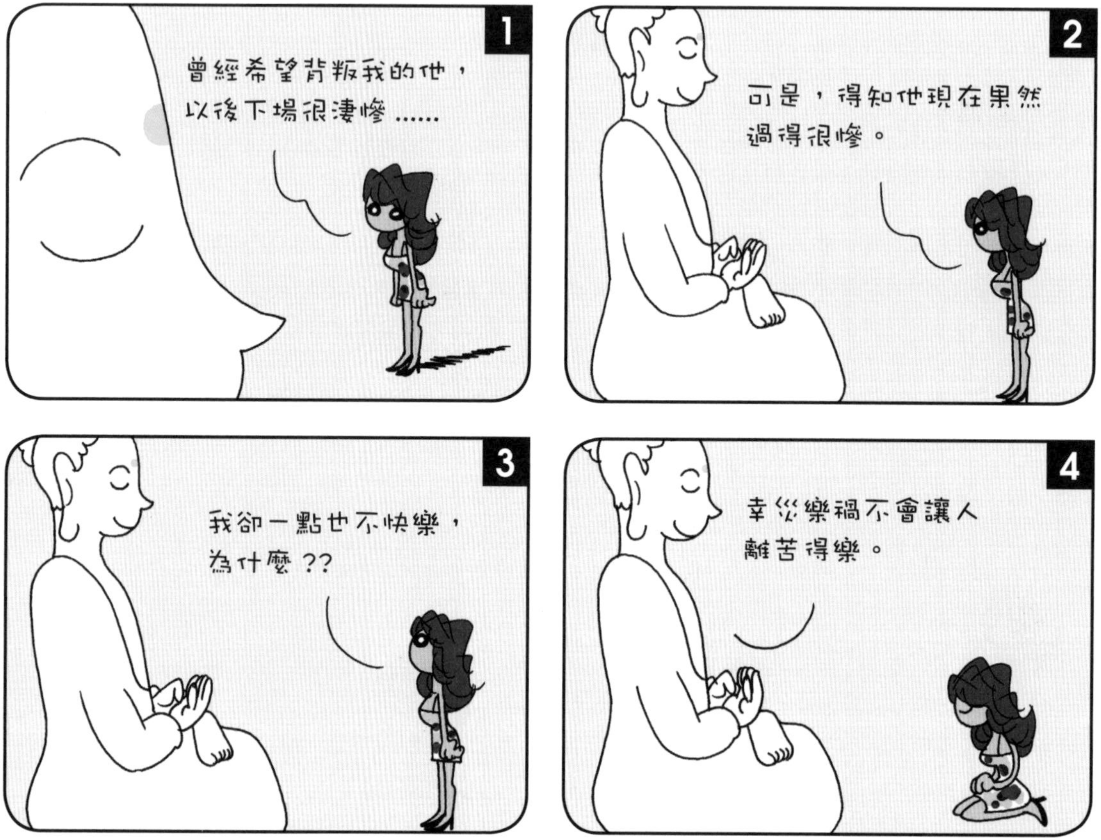
1
曾經希望背叛我的他，
以後下場很淒慘……
2
可是，得知他現在果然
過得很慘。
3
我卻一點也不快樂，
為什麼？？
4
幸災樂禍不會讓人
離苦得樂。

117.

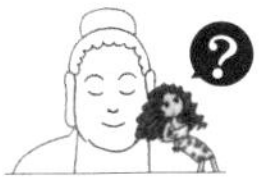

越自傲，越自卑。

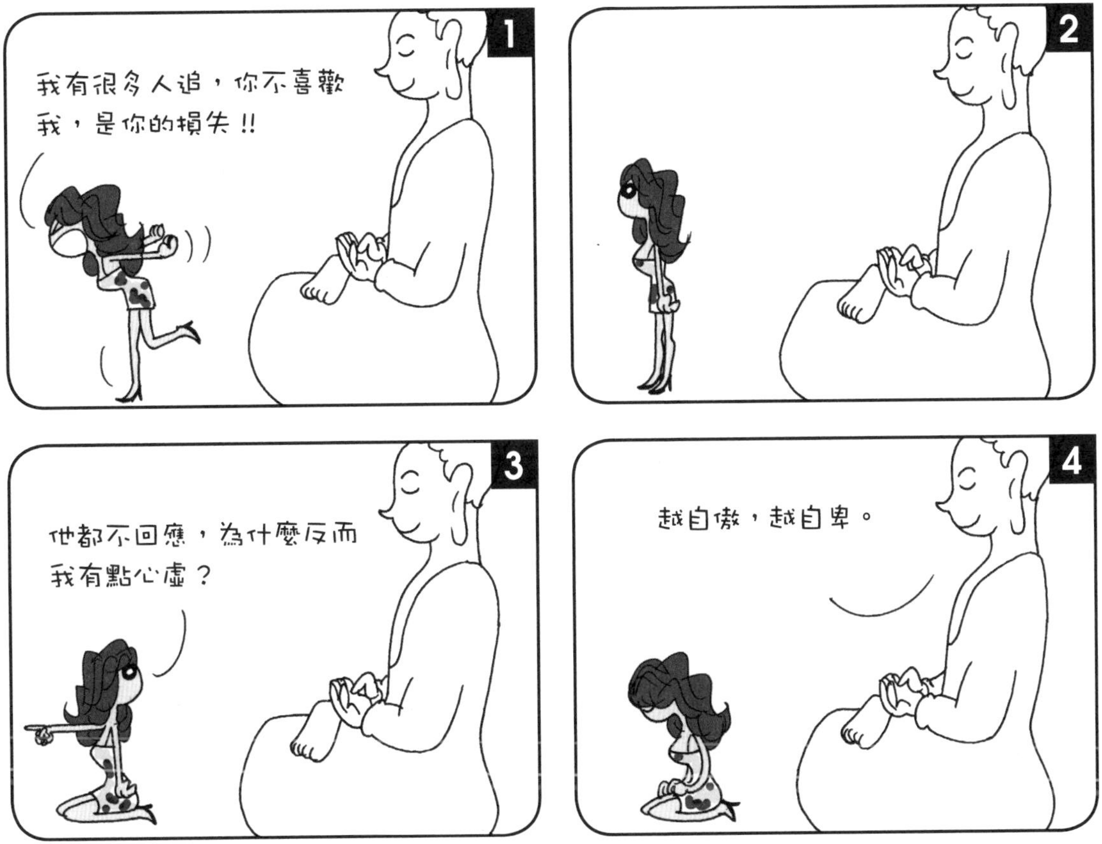
我有很多人追，你不喜歡我，是你的損失!!
他都不回應，為什麼反而我有點心虛？
越自傲，越自卑。

118.

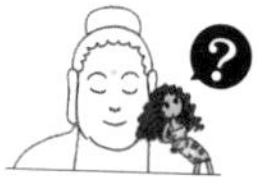

學不會放手，就沒有資格牽手。

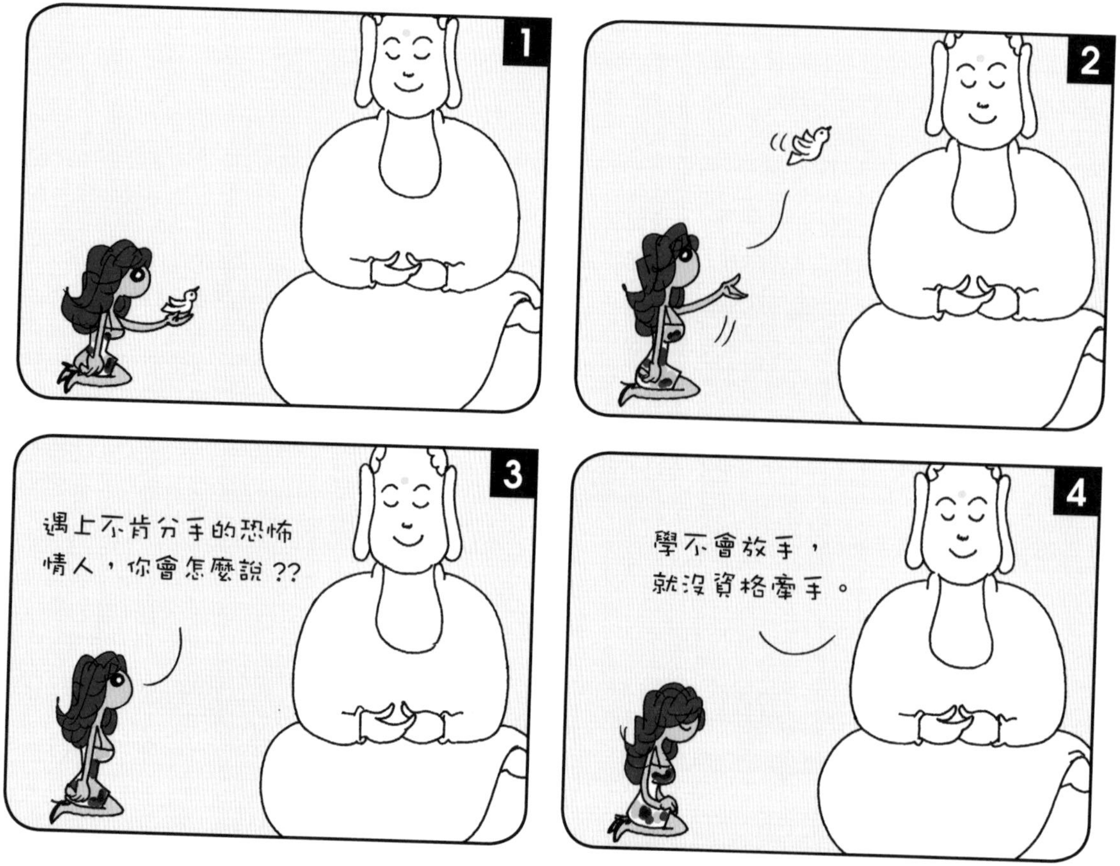
遇上不肯分手的恐怖情人，你會怎麼說??
學不會放手，就沒資格牽手。

失戀不是失敗，
只是兩顆心的失誤。

你會難過一陣子，
不會因此痛苦一輩子。

有一天，回首今日，
你會感謝人生曾經失意，
因而造就更好的自己。

愛問小姐 118個愛情提問

圖文作者　陳孝忠
總 編 輯　汪若蘭
責任編輯　施玫亞
版面構成　賴姵伶
封面設計　賴姵伶
行銷企畫　高芸珮

發 行 人　王榮文
出版發行　遠流出版事業股份有限公司
地　　址　臺北市南昌路2段81號6樓
客服電話　02-2392-6899
傳　　真　02-2392-6658
郵　　撥　0189456-1
著作權顧問　蕭雄淋律師
法律顧問　董安丹律師

2015年2月1日　初版一刷
行政院新聞局局版台業字號第1295號
定價　新台幣260元（如有缺頁或破損，請寄回更換）

ISBN　978-957-32-7563-3
遠流博識網　http://www.ylib.com
E-mail　ylib@ylib.com

國家圖書館出版品預行編目(CIP)資料

問愛：愛問小姐的118個愛情提問 / 陳孝忠圖.文. -- 初版. -- 臺北市：遠流, 2014.12
面；　公分
ISBN 978-957-32-7563-3(平裝)

1.戀愛 2.兩性關係

544.37

保持一顆真心，愛情的所有變化，都會在生命裡綻放美麗。

不論自己所堅信的愛情信仰是什麼，
只有從人性的角度開始理解，
才能恰到好處的面對愛所帶來的酸甜苦辣。

分手，不是失戀人的專利，而是每個人都要學習的課題，
不論愛或不愛，懂得放手，才能明白如何牽手，
就像想要怎麼活著，先要學會面對死亡。

如果已經在愛裡盡力，
我們就擁有重生的能力，
也就不用再害怕什麼了。